用好调查研究这个传家宝

中共赣州市委宣传部 ◎ 编著

中共中央党校出版社

图书在版编目（CIP）数据

用好调查研究这个传家宝/中共赣州市委宣传部编著．--北京：中共中央党校出版社，2021.10

ISBN 978-7-5035-7090-2

Ⅰ．①用… Ⅱ．①中… Ⅲ．①中国共产党-党的作风-调查研究 Ⅳ．①D261.3

中国版本图书馆CIP数据核字（2021）第170112号

用好调查研究这个传家宝

策划统筹	任丽娜
责任编辑	任丽娜　牛琴琴
责任印制	陈梦楠
责任校对	魏学静
出版发行	中共中央党校出版社
地　　址	北京市海淀区长春桥路6号
电　　话	（010）68922815（总编室）　（010）68922233（发行部）
传　　真	（010）68922814
经　　销	全国新华书店
印　　刷	中煤（北京）印务有限公司
开　　本	710毫米×1000毫米　1/16
字　　数	150千字
印　　张	13.5
版　　次	2021年10月第1版　2021年10月第1次印刷
定　　价	58.00元

微　信　ID：中共中央党校出版社　　　邮　　箱：zydxcbs2018@163.com

版权所有·侵权必究

如有印装质量问题，请与本社发行部联系调换

▲ 1930年5月,毛泽东寻乌调查的旧址

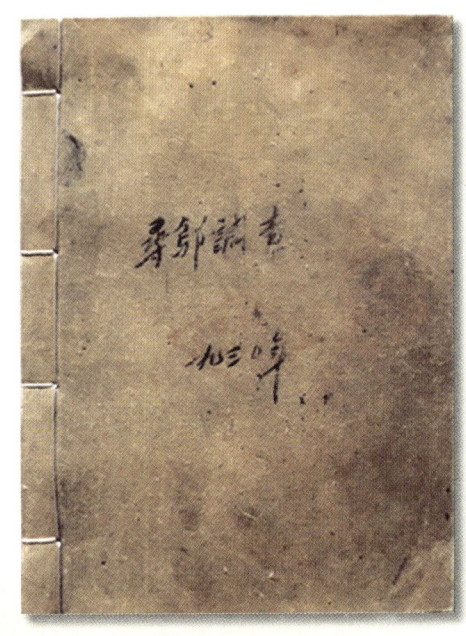

▲《寻乌调查》

▲《调查工作》

△ 1930年10月，毛泽东在新余市渝水区罗坊镇开展兴国调查的旧址

◁《兴国调查》

△ 1930年11月,毛泽东在江西省吉安市吉水县木口村开展调查研究的旧址

▷《木口村调查》

▲ 赣州市兴国县长冈乡调查纪念馆

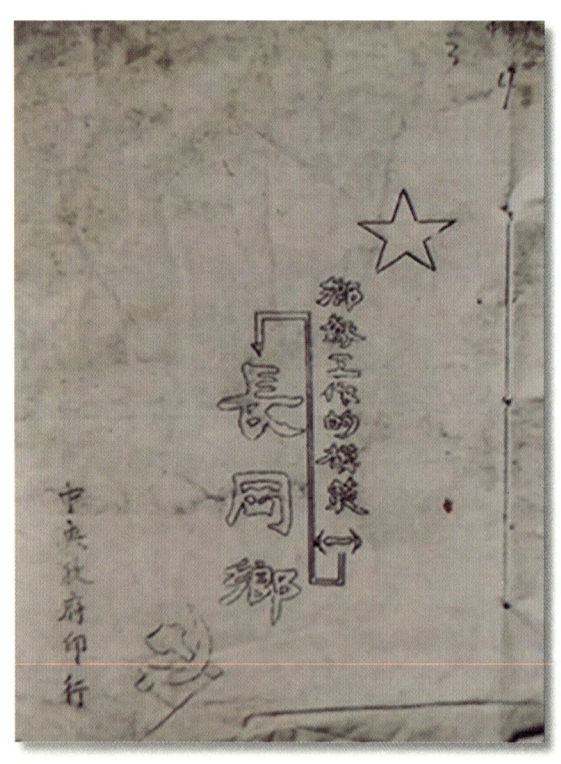

▷《长冈乡调查》

▲ 1933年11月,毛泽东在福建省上杭县才溪乡召开调查会的旧址

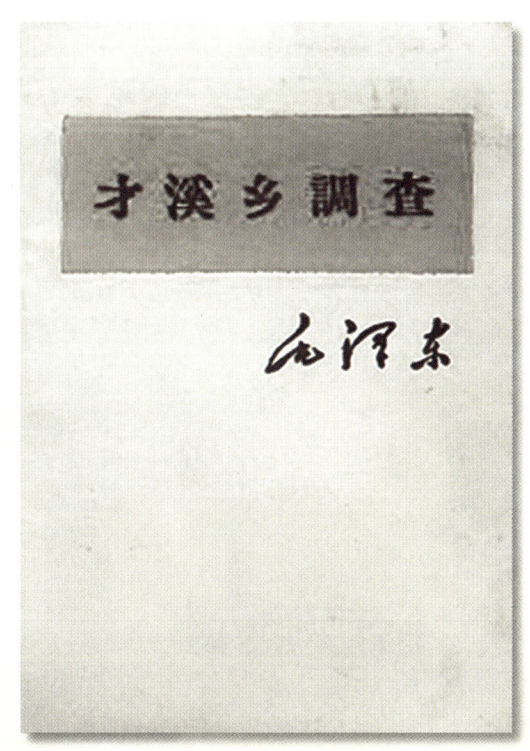

◀《才溪乡调查》

▲ 位于赣州市瑞金沙洲坝的中华苏维埃共和国国民经济人民委员部调查统计局旧址

▲ 位于赣州市瑞金沙洲坝的中央苏区调查统计史陈列馆

前　　言

　　20世纪二三十年代，以毛泽东同志为主要代表的中国共产党人在中央苏区作了大量的社会调查，写下了《寻乌调查》《兴国调查》《长冈乡调查》《才溪乡调查》等经典著作，为探索中国革命道路提供了客观依据、奠定了理论基础。重视调查研究，已经成为我们党在革命、建设、改革各个历史时期做好各项工作的重要传家宝。

　　没有调查，就没有发言权。调查研究是谋事之基、成事之道，是领导作决策、抓落实、推动工作的基本前提和重要方法。坚持一切从实际出发，注重调查研究是中国共产党人的宝贵经验和优良传统。纵观党的百年历程，我们党始终坚持以马克思主义基本原理为指导，以社会革命为导向，运用阶级分析、矛盾分析等方法对社会现状、中国社会实际情况尤其是农村状况进行调查研究，为中国共产党领导下的中国革命、建设、改革的方针和政策制定提供了可靠的依据。

　　斗转星移，时空变换。历史的车轮已经驶入中国特色社会主义新时代。中国共产党已经成为领导14亿多人口进行社会主义现代化建设的执政党，我们实现了第一个百年奋斗目标，在中华大地上全面建成了小康社会，历史性地解决了绝对贫困问题，正在意气风发向着全面建成社会主义现代化强国的第二个百年奋斗目标迈进。为了实现中华民族伟大复兴的历史重任，中国共产党必须从历史中汲取有益经验，始终保持重视调查研究的优良传统。党的十八大以来，习近平总书记在不同场合反复强调用好调查研究"传家宝"，掌握调查研究"基本功"，大兴调查研究之风。习近平总书记在2021年秋季学期中共中央党校（国家行政学院）中青年干部培训班开班式上强调，坚持一切从实际出发，是我们想问题、作决策、办事情的出发点和落脚点。坚持从实际出发，前提是深入实际、了解实际，只有这样才能做到实事求是。要了解实际，就要掌握调查研究这个基本功。要眼睛向下、脚步向下，经常扑下身子、沉到一线，近的远的都要去，好的差的都要看，干部群众表扬和批评都要听，真正把情况摸实摸透。既要"身入"基层，更要"心到"基层，听真话、察真情，真研究问题、研究真问题，不能搞作秀式调研、盆景式调研、蜻蜓点水式调研。要在深入分析思考上下功夫，去粗取精、去伪存真，由此及彼、由表及里，找到事物的本质和规律，找到解决问题的办法。

为充分借鉴中央苏区党的调查研究的有益经验，增强党员干部开展调查研究的自觉性，掌握调查研究的技术与方法，不断改进实际工作，在实践中出真知，在实践中长真才。中共赣州市委宣传部委托赣南师范大学中央苏区研究中心谢建平博士组织团队编辑出版了《用好调查研究这个传家宝》一书。该书凝聚了编写人员的心血和汗水。书中的理论阐述、收录的历史文献、专家学者论述等资料，为广大党员干部学习、借鉴中央苏区党的调查研究工作经验，从党史中汲取智慧和力量，始终坚持深入实际开展调查研究，掌握实情、完善举措、解决问题，进而推动新时代党的调查研究工作不断走深、走实，为实现中华民族的伟大复兴而不懈奋斗！

目　录

毛泽东关于做好调查研究的重要论述 …………………… 1

第一章　中央苏区党的调查研究实践 …………………… 23
第一节　中国共产党成立前后的调查研究探索…………… 23
一、马克思主义的广泛传播为中国早期共产主义者
　　提供了调查研究的认识论和方法论………………… 23
二、中国共产党成立后，早期共产党人对中国社会和
　　国情的认识在调查研究中有了新突破……………… 27
第二节　中央苏区党的调查研究实践……………………… 30
一、在调查研究的实践中找到中国革命新道路：
　　农村包围城市、武装夺取全国政权………………… 31
二、在调查研究的实践中找到建党建军传家宝：
　　思想建党、政治建军………………………………… 33
三、在调查研究的实践中找到土地革命新路线：农民
　　土地所有制…………………………………………… 34
四、在调查研究的实践中找到中国革命的依靠力量：
　　工农群众……………………………………………… 39
五、在调查研究的实践中找到基层苏维埃政权建设
　　"活"的榜样：模范长冈乡和才溪乡 ……………… 42

第二章　中央苏区调查研究的原则和方法 …… 45

第一节　中央苏区调查研究的基本原则 …… 45
一、主题明确的原则 …… 45
二、实事求是的原则 …… 51
三、解决问题的原则 …… 56

第二节　中央苏区调查研究的方法 …… 66
一、不耻下问 …… 66
二、开门纳谏 …… 70
三、刨根问底 …… 78
四、去伪存真 …… 82

第三章　中央苏区老一辈革命家调查研究的故事 …… 88
一、毛泽东"下马看花"搞调查 …… 88
二、毛泽东兴国调查掌握"农村的基础概念" …… 91
三、毛泽东三进才溪搞调查 …… 94
四、周恩来深入调查编创《戒酒歌》 …… 96
五、刘少奇不偏信"一面之词" …… 97
六、邓小平：得人心者得天下 …… 99
七、陈云创制合同标准范本 …… 101
八、张闻天为修订《劳动法》深入基层调查 …… 103
九、"苏区包公"何叔衡的"三件宝" …… 104
十、陈潭秋深入调查征军粮 …… 106
十一、董必武"对革命负责、对同志负责" …… 108

第四章　中央苏区调查研究经典文献节选 …………… 110
一、《寻乌调查》（节选）（1930年5月） ……………… 110
二、《反对本本主义》（节选）（1930年5月） …………… 135
三、《兴国调查》（节选）（1931年1月） ………………… 143
四、总政治部关于调查人口和土地状况的通知（节选）
（1931年4月2日） ……………………………………… 144
五、《长冈乡调查》（节选）（1933年11月） …………… 146
六、《才溪乡调查》（节选）（1933年11月） …………… 156

第五章　专家学者对中央苏区党的调查研究的理论
探讨 ……………………………………………………… 164
一、调查研究与道路问题 ………………………………… 165
二、毛泽东开辟中央苏区的四篇伟大著作和
《寻乌调查》的伟大贡献 …………………………… 167
三、《寻乌调查》在马克思主义中国化发展史上的
重要地位 ……………………………………………… 169
四、从《寻乌调查》看毛泽东的群众观 ………………… 172
五、智慧　勇气　担当——学习毛泽东在中央苏区
坚持实事求是的革命品格 …………………………… 175
六、"没有调查，没有发言权"：中央苏区时期毛泽东的
农村调查 ……………………………………………… 177
七、"寻乌调查"的"情"与"实" ……………………… 180
八、毛泽东的《寻乌调查》和毛泽东思想路线的形成 …… 183
九、调查研究是重要的工作方法更是马克思主义
方法论 ………………………………………………… 185

十、用好传家宝　练好基本功 …………………………… 188

十一、《寻乌调查》的当代价值 ………………………… 190

十二、"套路化"调研当止 ………………………………… 194

十三、毛泽东调查研究思想的缘起 ……………………… 195

后　记 ……………………………………………………… 199

毛泽东关于做好调查研究的重要论述

使党员注意社会经济的调查和研究，由此来决定斗争的策略和工作的方法，使同志们知道离开了实际情况的调查，就要堕入空想和盲动的深坑。

> 毛泽东：《关于纠正党内的错误思想》（1929年12月），
> 《毛泽东选集》第1卷，人民出版社1991年版，第92页

没有调查，没有发言权。

> 毛泽东：《反对本本主义》（1930年5月），
> 《毛泽东选集》第1卷，人民出版社1991年版，第109页

你对那个问题的现实情况和历史情况既然没有调查，不知底里，对于那个问题的发言便一定是瞎说一顿。瞎说一顿之不能解决问题是大家明了的，那末，停止你的发言权有什么不公道呢？许多的同志都成天地闭着眼睛在那里瞎说，这是共产党员的耻辱，岂有共产党员而可以闭着眼睛瞎说一顿的吗？

> 毛泽东：《反对本本主义》（1930年5月），
> 《毛泽东选集》第1卷，人民出版社1991年版，第109页

你对于那个问题不能解决吗？那末，你就去调查那个问题的

现状和它的历史吧！你完完全全调查明白了，你对那个问题就有解决的办法了。一切结论产生于调查情况的末尾，而不是在它的先头。只有蠢人，才是他一个人，或者邀集一堆人，不作调查，而只是冥思苦索地"想办法"，"打主意"。须知这是一定不能想出什么好办法，打出什么好主意的。换一句话说，他一定要产生错办法和错主意。

毛泽东：《反对本本主义》（1930年5月），
《毛泽东选集》第1卷，人民出版社1991年版，第110页

许多巡视员，许多游击队的领导者，许多新接任的工作干部，喜欢一到就宣布政见，看到一点表面，一个枝节，就指手画脚地说这也不对，那也错误。这种纯主观地"瞎说一顿"，实在是最可恶没有的。他一定要弄坏事情，一定要失掉群众，一定不能解决问题。

毛泽东：《反对本本主义》（1930年5月），
《毛泽东选集》第1卷，人民出版社1991年版，第110页

调查就像"十月怀胎"，解决问题就像"一朝分娩"。调查就是解决问题。

毛泽东：《反对本本主义》（1930年5月），
《毛泽东选集》第1卷，人民出版社1991年版，第110—111页

那种不开调查会，不作讨论式的调查，只凭一个人讲他的经验的方法，是容易犯错误的。那种只随便问一下子，不提出中心问题在会议席上经过辩论的方法，是不能抽出近于正确的结

论的。

毛泽东：《反对本本主义》（1930年5月），
《毛泽东选集》第1卷，人民出版社1991年版，第116页

纲目要事先准备，调查人按照纲目发问，会众口说。不明了的，有疑义的，提起辩论。所谓"调查纲目"，要有大纲，还要有细目……

毛泽东：《反对本本主义》（1930年5月），
《毛泽东选集》第1卷，人民出版社1991年版，第117页

凡担负指导工作的人，从乡政府主席到全国中央政府主席，从大队长到总司令，从支部书记到总书记，一定都要亲身从事社会经济的实际调查，不能单靠书面报告，因为二者是两回事。

毛泽东：《反对本本主义》（1930年5月），
《毛泽东选集》第1卷，人民出版社1991年版，第117页

初次从事调查工作的人，要作一两回深入的调查工作，就是要了解一处地方（例如一个农村、一个城市），或者一个问题（例如粮食问题、货币问题）的底里。深切地了解一处地方或者一个问题了，往后调查别处地方、别个问题，便容易找到门路了。

毛泽东：《反对本本主义》（1930年5月），
《毛泽东选集》第1卷，人民出版社1991年版，第117—118页

调查不但要自己当主席，适当地指挥调查会的到会人，而且要自己做记录，把调查的结果记下来。假手于人是不行的。

毛泽东：《反对本本主义》（1930年5月），
《毛泽东选集》第1卷，人民出版社1991年版，第118页

我们研究城市问题也是和研究农村问题一样，要拼着精力把一个地方研究透彻，然后于研究别个地方，于明了一般情况，便都很容易了。倘若走马看花，如某同志所谓"到处只问一下子"，那便是一辈子也不能了解问题的深处。这种研究方法是显然不对的。

毛泽东：《寻乌调查》（1930年5月），
《毛泽东文集》第1卷，人民出版社1993年版，第132页

实际政策的决定，一定要根据具体情况，坐在房子里面想像的东西，和看到的粗枝大叶的书面报告上写着的东西，决不是具体的情况。倘若根据"想当然"或不合实际的报告来决定政策，那是危险的。……所以详细的科学的实际调查，乃非常之必需。

毛泽东：《〈兴国调查〉前言》（1931年1月26日），
《毛泽东文集》第1卷，人民出版社1993年版，第254页

我们的口号是：

一，不做调查没有发言权。

二，不做正确的调查同样没有发言权。

毛泽东：《总政治部关于调查人口和土地状况的通知》
（1931年4月2日），《毛泽东文集》第1卷，
人民出版社1993年版，第267—268页

要把中国考察一番，单单采取新闻记者的方法是不行的，因

为他们的工作带有"过路人"的特点。俗话说:"走马看花不如驻马看花,驻马看花不如下马看花。"我希望你们都要下马看花。

毛泽东:《在鲁迅艺术学院的讲话》(1938年4月28日),
《毛泽东文集》第2卷,人民出版社1993年版,第124页

"瞎子摸鱼",闭起眼睛瞎说一顿,这种作风,是应该废弃的了。"没有调查就没有发言权",或者说,"研究时事问题须先详细占有材料",这是科学方法论的起码一点,并不是什么"狭隘经验论"。

毛泽东:《研究沦陷区》(1939年10月1日),
《毛泽东文集》第2卷,人民出版社1993年版,第248—249页

现在我们很多同志,还保存着一种粗枝大叶、不求甚解的作风,甚至全然不了解下情,却在那里担负指导工作,这是异常危险的现象。对于中国各个社会阶级的实际情况,没有真正具体的了解,真正好的领导是不会有的。

毛泽东:《〈农村调查〉的序言和跋》(1941年3月、4月),
《毛泽东选集》第3卷,人民出版社1991年版,第789页

要做这件事,第一是眼睛向下,不要只是昂首望天。没有眼睛向下的兴趣和决心,是一辈子也不会真正懂得中国的事情的。

毛泽东:《〈农村调查〉的序言和跋》(1941年3月、4月),
《毛泽东选集》第3卷,人民出版社1991年版,第789—790页

开调查会,是最简单易行又最忠实可靠的方法,我用这个方法得了很大的益处,这是比较什么大学还要高明的学校。到会的人,应是真正有经验的中级和下级的干部,或老百姓。

毛泽东:《〈农村调查〉的序言和跋》(1941年3月、4月),
《毛泽东选集》第3卷,人民出版社1991年版,第790页

开调查会每次人不必多,三五个七八个人即够。必须给予时间,必须有调查纲目,还必须自己口问手写,并同到会人展开讨论。因此,没有满腔的热忱,没有眼睛向下的决心,没有求知的渴望,没有放下臭架子、甘当小学生的精神,是一定不能做,也一定做不好的。必须明白:群众是真正的英雄,而我们自己则往往是幼稚可笑的,不了解这一点,就不能得到起码的知识。

毛泽东:《〈农村调查〉的序言和跋》(1941年3月、4月),
《毛泽东选集》第3卷,人民出版社1991年版,第790页

实际工作者须随时去了解变化着的情况,这是任何国家的共产党也不能依靠别人预备的。所以,一切实际工作者必须向下作调查。

毛泽东:《〈农村调查〉的序言和跋》(1941年3月、4月),
《毛泽东选集》第3卷,人民出版社1991年版,第791页

有许多人,"下车伊始",就哇喇哇喇地发议论,提意见,这也批评,那也指责,其实这种人十个有十个要失败。因为这种议论或批评,没有经过周密调查,不过是无知妄说。

毛泽东:《〈农村调查〉的序言和跋》(1941年3月、4月),

《毛泽东选集》第3卷，人民出版社1991年版，第791页

一切实际工作者必须向下作调查。对于只懂得理论不懂得实际情况的人，这种调查工作尤有必要，否则他们就不能将理论和实际相联系。

毛泽东：《〈农村调查〉的序言和跋》(1941年3月、4月)，
《毛泽东选集》第3卷，人民出版社1991年版，第791页

像我党这样一个大政党，虽则对于国内和国际的现状的研究有了某些成绩，但是对于国内和国际的各方面，对于国内和国际的政治、军事、经济、文化的任何一方面，我们所收集的材料还是零碎的，我们的研究工作还是没有系统的。二十年来，一般地说，我们并没有对于上述各方面作过系统的周密的收集材料加以研究的工作，缺乏调查研究客观实际状况的浓厚空气。"闭塞眼睛捉麻雀"，"瞎子摸鱼"，粗枝大叶，夸夸其谈，满足于一知半解，这种极坏的作风，这种完全违反马克思列宁主义基本精神的作风，还在我党许多同志中继续存在着。

毛泽东：《改造我们的学习》(1941年5月19日)，
《毛泽东选集》第3卷，人民出版社1991年版，第796—797页

不论是近百年的和古代的中国史，在许多党员的心目中还是漆黑一团。许多马克思列宁主义的学者也是言必称希腊，对于自己的祖宗，则对不住，忘记了。认真地研究现状的空气是不浓厚的，认真地研究历史的空气也是不浓厚的。

毛泽东：《改造我们的学习》(1941年5月19日)，

《毛泽东选集》第3卷，人民出版社1991年版，第797页

对于国内外、省内外、县内外、区内外的具体情况，不愿作系统的周密的调查和研究，仅仅根据"想当然"，就在那里发号施令，这种主观主义的作风，不是还在许多同志中间存在着吗？

毛泽东：《改造我们的学习》（1941年5月19日），
《毛泽东选集》第3卷，人民出版社1991年版，第797—798页

在全党推行调查研究的计划，是转变党的作风的基础一环。

毛泽东：《改造我们的学习》（1941年5月19日），
《毛泽东选集》第3卷，人民出版社1991年版，第802页

就要引导同志们的眼光向着这种实际事物的调查和研究。就要使同志们懂得，共产党领导机关的基本任务，就在于了解情况和掌握政策两件大事，前一件事就是所谓认识世界，后一件事就是所谓改造世界。就要使同志们懂得，没有调查就没有发言权，夸夸其谈地乱说一顿和一二三四的现象罗列，都是无用的。

毛泽东：《改造我们的学习》（1941年5月19日），
《毛泽东选集》第3卷，人民出版社1991年版，第802页

二十年来，我党对于中国历史、中国社会与国际情况的研究，虽然是逐渐进步的，逐渐增加其知识的，但仍然是非常不足；粗枝大叶、不求甚解、自以为是主观主义、形式主义的作风，仍然在党内严重地存在着。

毛泽东：《中共中央关于调查研究的决定》（1941年8月1日），

《毛泽东文集》第2卷，人民出版社1993年版，第360页

党内许多同志，还不了解没有调查就没有发言权这一真理。还不了解系统的周密的社会调查，是决定政策的基础。还不知道领导机关的基本任务，就在于了解情况与掌握政策，而情况如不了解，则政策势必错误。还不知道，不但日本帝国主义对于中国的调查研究，是如何的无微不至，就是国民党对于国内外情况，亦比我党所了解的丰富得多。还不知道，粗枝大叶、自以为是的主观主义作风，就是党性不纯的第一个表现；而实事求是，理论与实际密切联系，则是一个党性坚强的党员的起码态度。我党现在已是一个担负着伟大革命任务的大政党，必须力戒空疏，力戒肤浅，扫除主观主义作风，采取具体办法，加重对于历史，对于环境，对于国内外、省内外、县内外具体情况的调查与研究，方能有效地组织革命力量，推翻日本帝国主义及其走狗的统治。

毛泽东：《中共中央关于调查研究的决定》（1941年8月1日），
《毛泽东文集》第2卷，人民出版社1993年版，第360—361页

我们的调查工作要面向下层，而不是幻想。同时，我们又相信事物是运动的，变化着的，进步着的。因此，我们的调查，也是长期的。今天需要我们调查，将来我们的儿子、孙子，也要作调查，然后，才能不断地认识新的事物，获得新的知识。

毛泽东：《关于农村调查》（1941年9月13日），
《毛泽东文集》第2卷，人民出版社1993年版，第378页

认识世界，不是一件容易的事。马克思、恩格斯努力终生，作了

许多调查研究工作，才完成了科学的共产主义。列宁、斯大林也同样作了许多调查。

中国革命也需要作调查研究工作，首先就要了解中国是个什么东西（中国的过去、现在及将来）。可惜很多同志常是主观主义，自以为是，完全不重视调查研究工作。

毛泽东：《关于农村调查》（1941年9月13日），
《毛泽东文集》第2卷，人民出版社1993年版，第378页

我们的调查工作，是要有耐心地、有步骤地去作，不要性急。我自己认识农村，就是经过好几年的工夫的。

……到井冈山之后，我作了寻乌调查，才弄清了富农与地主的问题，提出解决富农问题的办法……

贫农与雇农的问题，是在兴国调查之后才弄清楚的，那时才使我知道贫农团在分配土地过程中的重要性。

所以，从我个人调查农村来说，是经过了六七年的时间的。

毛泽东：《关于农村调查》（1941年9月13日），
《毛泽东文集》第2卷，人民出版社1993年版，第378—380页

详细地占有材料，抓住要点。材料是要搜集得愈多愈好，但一定要抓住要点或特点（矛盾的主导方面）。马克思研究资本主义，列宁研究帝国主义，都是收集了很多统计和材料，但并不是全部采取，而只是采取最能表现特点的一部分。

毛泽东：《关于农村调查》（1941年9月13日），
《毛泽东文集》第2卷，人民出版社1993年版，第382页

没有调查，就没有发言权。但就有同志要问："十样事物，我调查了九样，只有一样没有调查，有没有发言权？"我以为如果你调查的九样都是一些次要的东西，把主要的东西都丢掉了，那末，仍旧是没有发言权。

毛泽东：《关于农村调查》（1941年9月13日），
《毛泽东文集》第2卷，人民出版社1993年版，第382页

怎样找调查的典型？调查的典型可以分为三种：一、先进的，二、中间的，三、落后的。如果能依据这种分类，每类调查两三个，即可知一般的情形了。

毛泽东：《关于农村调查》（1941年9月13日），
《毛泽东文集》第2卷，人民出版社1993年版，第383页

怎样使对方说真话？各个人特点不同，因此，要采取的方法也各不相同。但是，主要的一点是要和群众做朋友，而不是去做侦探，使人家讨厌。群众不讲真话，是因为他们不知道你的来意究竟是否于他们有利。要在谈话过程中和做朋友的过程中，给他们一些时间摸索你的心，逐渐地让他们能够了解你的真意，把你当做好朋友看，然后才能调查出真情况来。群众不讲真话，不怪群众，只怪自己。

毛泽东：《关于农村调查》（1941年9月13日），
《毛泽东文集》第2卷，人民出版社1993年版，第383页

据我们历来的想法，所谓对于情况的估计，就是根据我们对于客观地存在着的实际情况，加以调查研究，而后反映于我们脑

子中的关于客观情况的内部联系，这种内部联系是独立地存在于人的主观之外而不能由我们随意承认或否认的。它有利于我们也好，不利于我们也好，能够动员群众也好，不能动员也好，我们都不得不调查它，考虑它，注意它。如果我们还想改变客观情况的话，那就可以根据这种真实地反映了客观情况内部联系的估计，规定行动方针，转过去影响客观情况，把它加以改造。这时，如果客观情况是有利于我们前进的，我们就向群众说：你们前进吧！如果是不利于我们前进的，我们就向群众说：你们暂停吧（近乎"等待主义"），或说：你们退却吧（大有"机会主义"嫌疑）！据我想，这就叫做马克思主义的起码观点呢！

毛泽东：《驳第三次"左"倾路线（节选）》（1941年），《毛泽东文集》第2卷，人民出版社1993年版，第339页

对客观事物缺乏科学的周密的调查研究精神，而有自以为是的精神，这些便都是主观主义的错误因素。

毛泽东：《中宣部宣传要点》（1942年1月26日），《毛泽东文集》第2卷，人民出版社1993年版，第390页

大略的调查和研究可以发现问题，提出问题，但是还不能解决问题。要解决问题，还须作系统的周密的调查工作和研究工作，这就是分析的过程。

毛泽东：《反对党八股》（1942年2月8日），《毛泽东选集》第3卷，人民出版社1991年版，第839页

此处还有一种方法，就是在一切活动中找出几个令人满意的

和令人不满意的典型例子，经过深入研究，总结经验，得出具体结论，以求得必要的工作改进。这种观察实际情况，研究好的和坏的典型例子所用的时间，有时是几个星期，有时是几个月，有时甚至是几年。虽然用的时间比较多，但这种方法却使我们能同现实发展情况始终保持密切联系，能了解人民的愿望和需要，能向党内外工作出色的人学习。

毛泽东：《同英国记者斯坦因的谈话》（1944年7月14日），

《毛泽东文集》第3卷，人民出版社1996年版，第189页

我提倡做调查研究，但我到陕北后开始在这方面就没有调查研究，现在我们有了调查研究。同时希望在南方、在北方、在东方、在西方工作的地方同志多提出意见。我们要把窗户打开，让空气流通，听听消息，听听舆论，有缺点有错误的改正一下。这一条搞不好就不行。

毛泽东：《在中国共产党第七次全国代表大会上的口头政治报告》

（1945年4月24日），《毛泽东文集》第3卷，

人民出版社1996年版，第344页

要争取和依靠农民，就要调查农村。方法是调查一两个或几个农村，花几个星期的时间，弄清农村阶级力量、经济情况、生活条件等问题。像党的总书记这样主要的领导人员，要亲自动手，了解一两个农村，争取一些时间去做，这是划得来的。麻雀虽然很多，不需要分析每个麻雀，解剖一两个就够了。总书记调查一两个农村，心中有数了，就可以帮助同志们去了解农村，弄清农村的具体情况。……党的领导机关，包括全国性的、省的和县的

负责同志,也要亲自调查一两个农村,解剖一两个"麻雀"。这就叫做"解剖学"。

毛泽东:《我们党的一些历史经验》(1956年9月25日),
《毛泽东文集》第7卷,人民出版社1999年版,第133—134页

调查有两种方法,一种是走马看花,一种是下马看花。走马看花,不深入,因为有那么多的花嘛。……还必须用第二种方法,就是下马看花,过细看花,分析一朵"花",解剖一个"麻雀"。

毛泽东:《我们党的一些历史经验》(1956年9月25日),
《毛泽东文集》第7卷,人民出版社1999年版,第134页

中央和省、直属市、自治区两级党委的委员,除了生病的和年老的以外,一年一定要有四个月的时间轮流离开办公室,到下面去作调查研究,开会,到处跑。应当采取走马看花、下马看花两种方法。哪怕到一个地方谈三四小时就走也好。要和工人、农民接触,要增加感性知识。中央的有些会议可以到北京以外的地方去开,省委的有些会议可以到省会以外的地方去开。

毛泽东:《工作方法六十条(草案)》(1958年1月),
《毛泽东文集》第7卷,人民出版社1999年版,第354页

要钻进去调查研究,发现问题,揭露问题,解决问题。问题就是矛盾。过去我们打仗,都调查情况,每次打胜仗都是条件成熟了。现在搞建设,向自然作战,也要调查研究。

毛泽东：《在各省市自治区党委第一书记会议上的讲话》
（1959年2月2日），《建国以来毛泽东文稿》第8册，
中央文献出版社1993年版，第33—34页

很多同志做了几个月的调查，开过不少的大会小会，结果对于大量存在的事物，却是视而不见，听而不闻。原因是方法不对，找不到主要矛盾在什么地方。

毛泽东：《调查研究要善于抓住主要矛盾》（1959年3月9日），
《毛泽东文集》第8卷，人民出版社1999年版，第26页

多想多读，多谋善断。谋之于主席、副主席、总书记，谋之于秘书、部长助理、副部长、司局长，谋之于省地县社直至生产小队长，谋之于反对派即不同意见的同志，这一点很要紧。就是说，认真地做调查研究工作。

毛泽东：《对赵尔陆关于重工业生产建设方面几个问题的
意见的批语》（1959年5月30日），《建国以来毛泽东文稿》
第8册，中央文献出版社1993年版，第280页

去做调查，就是要使自己心里有底，没有底是不能行动的。了解情况，要用眼睛看，要用口问，要用手记。谈话的时候还要会谈，不然就会受骗。要看群众是不是面有菜色，群众的粮食究竟是很缺，还是够，还是很够，这是看得出来的。

毛泽东：《大兴调查研究之风》（1961年1月13日），
《毛泽东文集》第8卷，人民出版社1999年版，第233页

这些年来，我们的同志调查研究工作不做了。要是不做调查

研究工作，只凭想像和估计办事，我们的工作就没有基础。所以，请同志们回去后大兴调查研究之风，一切从实际出发，没有把握就不要下决心。

毛泽东：《大兴调查研究之风》（1961年1月13日），
《毛泽东文集》第8卷，
人民出版社1999年版，第233—234页

调查研究工作，并不那么困难，时间并不要那么多，调查的单位也不要那么多。比如，在农村搞一两个生产队、一两个公社，在城市搞一两个工厂、一两个商店、一两个学校，加在一起也只有十个左右。这些调查并不都要自己亲身去搞。自己亲身搞的，农村有一两个、城市有一两个就够了。要组织调查研究的班子，指导他们去搞。

毛泽东：《大兴调查研究之风》（1961年1月13日），
《毛泽东文集》第8卷，人民出版社1999年版，第234页

我们讲情况明，决心大，方法对，要有这三条。

第一条情况明。这是一切工作的基础，情况不明，一切无从着手。因此要摸清情况，要做调查研究。

毛泽东：《大兴调查研究之风》（1961年1月13日），
《毛泽东文集》第8卷，人民出版社1999年版，第234页

调查研究极为重要，要教会所有的省委书记加上省委常委、省一级和省的各个部门的负责同志、地委书记、县委书记、公社党委书记做调查研究。他们不做调查，情况就不清楚。

毛泽东：《大兴调查研究之风》（1961年1月13日），
《毛泽东文集》第8卷，人民出版社1999年版，第234页

抗日战争时期，解放战争时期，我们做调查研究比较认真一些，注意从实际出发，实事求是。通过调查研究，情况明了来下决心，决心就大，方法也就对。方法就是措施、办法，实现方针、政策要有一套方法。

毛泽东：《大兴调查研究之风》（1961年1月13日），
《毛泽东文集》第8卷，人民出版社1999年版，第235页

建国以来，特别是最近几年，我们对实际情况不大摸底了，大概是官做大了。我这个人就是官做大了，我从前在江西那样的调查研究，现在就做得很少了。今年要做一点，这个会开完，我想去一个地方，做点调查研究工作。不然，对实际情况就不摸底。不摸清一个农村公社，不摸清一个城市公社，不摸清一个工厂，不摸清一个学校，不摸清一个商店，不摸清一个连队，就不行。其实，摸清这么几个单位的情况就差不多了。

毛泽东：《大兴调查研究之风》（1961年1月13日），
《毛泽东文集》第8卷，人民出版社1999年版，第237页

大队内部生产队与生产队之间的平均主义问题，生产队（过去小队）内部人与人之间的平均主义问题，是两个极端严重的大问题，希望在北京会议上讨论一下，以便各人回去后，自己并指导各级第一书记认真切实调查一下。不亲身调查是不会懂得的，是不能解决这两个重大问题的（别的重大问题也一样），是不能真

正地全部地调动群众的积极性的。……我看你们对于上述两个平均主义问题，至今还是不甚了了，不是吗？我说错了吗？省、地、县、社的第一书记大都也是如此，总之是不甚了了，一知半解。其原因是忙于事务工作，不作亲身的典型调查，满足于在会议上听地、县两级的报告，满足于看地、县的书面报告，或者满足于走马看花的调查。这些毛病，中央同志一般也是同样犯了的。我希望同志们从此改正。我自己的毛病当然要坚决改正。……我的那篇《关于调查工作》的文章也请同志们研究一下，那里提出的问题是作系统的亲身出马的调查，而不是老爷式的调查，因此建议同志们研究一下。

毛泽东：《反对两个平均主义》（1961年3月13日），
《毛泽东文集》第8卷，人民出版社1999年版，第250—251页

省委第一书记要亲自做调查研究，我也是第一书记，我只抓第一书记。其他的书记也要做调查研究，由你们负责去抓。只要省、地、县、社四级党委的第一书记都做调查研究，事情就好办了。

毛泽东：《要做系统的由历史到现状的调查研究》
（1961年3月13日），《毛泽东文集》第8卷，
人民出版社1999年版，第252页

要做系统的由历史到现状的调查研究。

毛泽东：《要做系统的由历史到现状的调查研究》
（1961年3月13日），《毛泽东文集》第8卷，
人民出版社1999年版，第252页

做领导工作的人要依靠自己亲身的调查研究去解决问题。书面报告也可以看，但是这跟自己亲身的调查是不相同的。自己到处跑或者住下来做一个星期到十天的调查，主要是应该住下来做一番系统的调查研究。农村情况，只要先调查清楚一个乡就比较好办了，再去调查其他乡那就心中有数了。

毛泽东：《要做系统的由历史到现状的调查研究》
（1961年3月13日），《毛泽东文集》第8卷，
人民出版社1999年版，第253页

过去这几年我们犯错误，首先是因为情况不明。情况不明，政策就不正确，决心就不大，方法也不对头。医生看病是先诊断，中医叫望、闻、问、切，就是先搞清病情，然后处方。我们打仗首先要搞侦察，侦察敌情、地形，判断情况，然后下决心，部署队伍、后勤等等。历来打败仗的原因大都是情况不明。最近几年吃情况不明的亏很大，付出的代价很大。

毛泽东：《要做系统的由历史到现状的调查研究》
（1961年3月13日），《毛泽东文集》第8卷，
人民出版社1999年版，第253页

我和大家相约，搞点副食品基地的调查研究，目的是为了解决问题，不是为了报表。……报表有一点也可以，统计部门搞统计需要报表，可是我们了解情况主要不靠报表，也不能靠逐级的报告，要亲自了解基层的情况。

毛泽东：《要做系统的由历史到现状的调查研究》
（1961年3月13日），《毛泽东文集》第8卷，

用好调查研究这个传家宝

人民出版社 1999 年版,第 253—254 页

现在我们中央搞的文件,如果没有具体措施也是不可能实现的。要有正确的措施,就要做调查研究工作。

毛泽东:《在广州中央工作会议上的讲话》(1961 年 3 月 23 日),《毛泽东文集》第 8 卷,人民出版社 1999 年版,第 257 页

我总是不相信没有调查会有发言权的。

毛泽东:《在广州中央工作会议上的讲话》(1961 年 3 月 23 日),《毛泽东文集》第 8 卷,人民出版社 1999 年版,第 260 页

要从个别问题深入,深入解剖一个麻雀,了解一处地方或一个问题。全国了解两个乡,南方一个,北方一个,对中国的农村就有一个基本概念了。工业不同,要分行业。比如煤矿、冶金、机械等,各了解一个厂矿就差不多了。煤矿,中央有四百多个,你去全面彻底地了解一个就好办了,别的地方也是掘煤嘛。冶金、机械行业也是这样去了解一个工厂。这是重工业,还有轻工业,工业比农业复杂一些。深切地了解一处地方或一个问题,往后调查别处地方或别个问题,你就容易找到门路。不然就不容易找到门路。

毛泽东:《在广州中央工作会议上的讲话》(1961 年 3 月 23 日),《毛泽东文集》第 8 卷,人民出版社 1999 年版,第 260 页

我的经验历来如此,凡是忧愁没有办法的时候,就去调查研究,一经调查研究,办法就出来了,问题就解决了。

毛泽东：《在广州中央工作会议上的讲话》（1961年3月23日），
《毛泽东文集》第8卷，人民出版社1999年版，第261页

正确的策略只能从实践经验中产生，只能来源于调查研究。

毛泽东：《在广州中央工作会议上的讲话》（1961年3月23日），
《毛泽东文集》第8卷，人民出版社1999年版，第262页

民主革命阶段，要进行调查研究，社会主义革命和社会主义建设阶段，还是要进行调查研究，一万年还是要进行调查研究工作。

毛泽东：《在广州中央工作会议上的讲话》（1961年3月23日），
《毛泽东文集》第8卷，人民出版社1999年版，第262页

各级党委，不许不作调查研究工作。绝对禁止党委少数人不作调查，不同群众商量，关在房子里，作出害死人的主观主义的所谓政策。

毛泽东：《给张平化的信》（1961年5月14日），
《毛泽东文集》第8卷，人民出版社1999年版，第272页

认真调查研究，对具体问题作出具体的分析，而不是抽象的主观主义的分析，这是马克思主义的灵魂。

毛泽东：《中央转发邓子恢关于农村人民公社基本核算单位试点情况调查报告的批语》（1961年11月23日），《建国以来毛泽东文稿》
第9册，中央文献出版社1996年版，第605页

调查研究，我们从前做得比较好，可是进城以后，不认真做

了。一九六一年我们又重新提倡,现在情况已经有所改变。但是,在领导干部中间,特别是在高级领导干部中间,有一些地方、部门和企业,至今还没有形成风气。有一些省委书记,到现在还没有下去蹲过点。如果省委书记不去,怎么能叫地委书记、县委书记下去蹲点呢。这个现象不好,必须改变过来。

> 毛泽东:《在扩大的中央工作会议上的讲话》(1962年1月30日),《毛泽东文集》第8卷,人民出版社1999年版,第303页

在总路线指导之下,制定一整套的具体的方针、政策和办法,必须通过从群众中来的方法,通过作系统的周密的调查研究的方法,对工作中的成功经验和失败经验,作历史的考察,才能找出客观事物所固有的而不是人们主观臆造的规律,才能制定适合情况的各种条例。这件事很重要,请同志们注意到这点。

> 毛泽东:《在扩大的中央工作会议上的讲话》(1962年1月30日),《毛泽东文集》第8卷,人民出版社1999年版,第305页

第一章　中央苏区党的调查研究实践

调查研究不仅是中国共产党的优良传统和作风，而且是中国革命、建设和改革取得重大成就的一大法宝。中国共产党自成立之日起，就坚持调查研究的工作方法，了解中国国情和社会实际情况，并在此基础上解决不同阶段的现实问题，其间走过了复杂曲折的道路。正是通过调查研究和艰辛的探索实践，中国共产党逐步正确认识了中国国情，到中央苏区时期，初步探索出一条适合中国实际的革命道路。

第一节　中国共产党成立前后的调查研究探索

近代中国是半殖民地半封建性质的社会，这个认识是中国共产党人通过广泛的社会调查研究才得到的。由最初认识到要以马克思主义为指导开展国情调查，直至认识到中国是半殖民地半封建社会，这种认识是随着中国共产党人对马克思主义认识水平的不断提高和中国革命的发展而逐步深化的。

一、马克思主义的广泛传播为中国早期共产主义者提供了调查研究的认识论和方法论

由于马克思主义在中国的广泛传播，中国早期共产主义知识

分子在当时革命形势的影响下，开始运用马克思主义世界观对中国社会性质、历史和现状进行观察和分析。正如毛泽东所说："十月革命一声炮响，给我们送来了马克思列宁主义。十月革命帮助了全世界的也帮助了中国的先进分子，用无产阶级的宇宙观作为观察国家命运的工具，重新考虑自己的问题。走俄国人的路——这就是结论。"①

以李大钊为代表的早期共产主义知识分子首先提出了以马克思主义为指导，作为认识中国社会和中国革命问题的任务。1919年5月，李大钊指出，马克思主义是"世界改造原动的学说"，根据这一原则观察分析现在的经济状况，才能确定社会经济组织变化的根本原因，才能预见和预言"必然的命运"②；"现代的社会主义和现在需要的企图必须符合他的实际形式"，所以，"对于我们来说，要想适应环境的变化，就必须因时、因所、因事把那个主义当做工具并且实际运动"③。

毛泽东在早年的革命活动中，既注重对外国各种思想学说和革命经验的了解借鉴，也重视对中国国情的调查研究。早在湖南第一师范学校读书时，毛泽东就经常利用假日到工厂、农村进行社会调查。他在《讲堂录》中写道："闭门求学，其学无用，欲从天下国家万事万物而学之，则汗漫九垓，遍游四宇尚已。"④ 他作为最早将认识中国国情付诸调查研究实践的共产主义知识分子，

---

① 《毛泽东选集》第4卷，人民出版社1991年版，第1471页。
② 李大钊：《我的马克思主义观》（上），《新青年》第6卷第5号，1919年5月。
③ 《李大钊选集》，人民出版社1959年版，第230页。
④ 李锐：《早年毛泽东》，辽宁人民出版社1993年版，第65页。

力求通过把两方面的调查研究结合起来探索出一条彻底改造中国的道路。1917年7月，他邀请同学，利用暑假，步行900多里，历时一个多月，到长沙、宁乡、安化、益阳、沅江5县的广大乡镇进行调查研究。毛泽东回忆道，这次调查，使我们获得了比较丰富的社会知识，对农村情况有了进一步了解，锻炼了克服困难的能力。1918年，他组织湖南青年开展留法勤工俭学的社会调查。1919年4月，毛泽东对友人谈到，"我觉得我们要有人到外国去，看些新东西，学些新道理，研究些有用的学问，拿回来改造我们的国家。同时，他还强调也要有人留在本国，研究本国问题。关于自己的国家知道的还太少，假使把时间花费在本国，则对本国更有利。"[①] 7月，他在《湘江评论》临时增刊第一号上提出"踏着人生社会的实际说话"，"引入实际去研究事实和真理"的观点。毛泽东的这些调查活动为认识中国国情和社会提供了材料和经验。

中国早期的共产主义知识分子刚开始对中国国情的认识，主要考察了中国无产阶级的社会地位和中国资本主义生产关系。1920年2月，陈独秀曾委托郑凯卿、包惠僧等调查汉口工人的生活与工作状况，并且从《新青年》七卷五号开始，陆续刊登各地工人状况的调查材料。在《新青年》的号召下，上海《民国日报》《觉悟》等副刊也大量刊登关于工人生活状况、工作状况及罢工情况的相关材料。随着《共产党宣言》《资本论》等马克思主义经典文献的翻译出版，陈独秀、李汉俊等人运用剩余价值学说分析了一些调查材料，初步探讨了资本主义生产关系在

---

① 石仲泉：《我观毛泽东》，中共党史出版社2004年版，第29页。

中国的发生。1920年3月，毛泽东致信周世钊说："吾人如果要在现今的世界稍为尽一点力，当然脱不开'中国'这个地盘。关于这地盘内的情形，似不可不加以实地的调查，及研究。"①同年，毛泽东给在法国勤工俭学的罗学瓒的回信中，赞成他对不搞调查研究的主观主义的批评，认为他"说得最透彻"，应当印刷四万万张见中国人，每人给一张为好。可见，在中国共产主义运动的早期活动中，毛泽东就对调查研究有较深的见解，并热情倡导。

由于对中国性质认识不清，导致他们的调查研究存在片面性，比如，他们的调查几乎都集中在沿海通商口岸，对中国社会经济基础的观察还没有转向农村，缺乏对全国系统周密的调查，同时把中国资本主义生产关系同其他生产关系割裂开来，等等。

中国早期共产主义知识分子对中国社会和国情的调查研究，一开始就同研究外国情况紧密结合起来。1919—1920年前后，蔡和森等一批新民学会会友一边勤工俭学，一边对法国、德国、日本等国的理论和革命经验作调查研究。蔡和森致信毛泽东："现在组织研究宣传部之外，更可组织一调查统计部，研究宣传部调查统计部与出版物三者现在可打成一片而潜在从事。比如我在外国可调查俄国及各国的情形，你在国内可调查各省情形，将人口、地土、产业、交通、劳动状况、经济、教育等列为统计，此种材料与研究的著作，皆在一种出版物上发表"②。蔡和森等人在法国"猛看猛译"各种社会主义理论和介绍俄国十月革命的书籍报刊，

---

① 《毛泽东早期文稿》，湖南人民出版社1990年版，第474页。
② 《蔡和森文集》（上），人民出版社2013年版，第75页。

进行比较分析研究，并将调查研究成果及时通报给毛泽东等诸会友，当时搜集到的各种重要书刊约有百种之多。

二、中国共产党成立后，早期共产党人对中国社会和国情的认识在调查研究中有了新突破

"认清中国的国情，认清一切革命问题的基本的根据。"① 随着革命实践的发展和对马克思主义理论认识水平的提高，越来越多的早期共产党人开始认识到努力研究中国的客观的实际情况，而求得一最合宜的解决中国问题的方案是党的"第一任务"，认识到"光有革命的精神"，"若不知道中国的客观的实际情形，还是无用的"②。中国早期马克思主义者们非常重视社会调查。如李大钊曾不止一次对陈翰笙说过："一个革命的政党要想制定正确的方针，必须对世界、对国情、对民情做周密细致的调查。"③

党的二大对中国的政治经济现状作了比较全面的历史考察，制定了中国反帝反封建的民主革命纲领，这是中国共产党人调查研究认识中国国情的一个重要里程碑。党的二大通过的宣言在"准确地估计具体历史情况，首先是经济情况"基础上明确指出，"帝国主义的列强既然在中国政治经济上具有支配的实力，因此中国一切重要的政治经济，没有不是受他们操纵的"④，这种情况决

---

① 《毛泽东选集》第 2 卷，人民出版社 1991 年版，第 633 页。
② 《发刊词》，《先驱》（创刊号）1922 年 1 月 15 日。
③ 田森：《三个世纪的陈翰笙》，浙江人民出版社 2012 年版，第 35—36 页。
④ 《建党以来重要文献选编（1921—1949）》第 1 册，中央文献出版社 2011 年版，第 128 页。

定了中国社会的半殖民地性质;"现尚停留在半原始的家庭农业和手工业的经济基础上面,工业资本主义化的时期还是很远,所以在政治方面还是处于军阀官僚的封建制度把持之下。"① 这种情况决定了中国社会的半封建性质。这个基于调查研究的结论无疑是正确的。

对中国半殖民地半封建社会性质深刻系统的认识,是以毛泽东为主要代表的中国共产党人在长期调查研究实践中完成的。其中,毛泽东对调查研究的理论和实践方面作出了重要的贡献。1921年9月至1922年冬,毛泽东先后多次到安源煤矿调查研究。除此之外,他还对长沙泥木工人、水口山铅锌矿工人进行调查研究,了解工人的劳动、生活和思想状况,工人同资本家之间矛盾的具体表现,等等。通过对工人阶级状况全面系统的调查,对于某一行业、某一地区的工人劳动和生活条件、政治与经济要求有了深入的了解和较全面的认识,进而对如何发动和领导工人运动做好了前期准备工作,促使中国共产党明晰了成立之初工作重点在于领导工人运动。1925年12月,毛泽东把多年社会调查和从事工农运动积累的资料加以科学地分析研究,写出《中国社会各阶级的分析》,文章深入剖析了中国社会各阶级的特点,进而判断中国革命的动力、对象及任务等问题。《革命》《中国农民》《中国青年》等刊物都先后刊登了这篇文章。

随着革命实践的深入和发展,中国革命的特殊性凸显出农民和农民运动的重要性,一部分中国共产党的早期领导人开始把调

---

① 《建党以来重要文献选编(1921—1949)》第1册,中央文献出版社2011年版,第128页。

查研究的重点转移到了农村。1926年3月到9月，毛泽东在担任广东第六届农民运动讲习所所长期间，撰写了农讲所学习资料《中国佃农生活举例》，亲自引导学生研究实际问题，进行了多项调查，范围遍及全国各地农村，项目有36项，其中主要有地租率、利率、各种捐税、工价、贪官污吏、农村社会组织状况等。他还统一制作统计表格或调查提纲，要学员去填，引导学员搞专题研究，整理出大量资料，收入他主编的《农民问题丛刊》。《中国佃农生活举例》是中国共产党早期农村调查报告的典范。

1927年1月4日至2月5日，他用32天时间，步行1400多里，实地调查了湘潭、湘乡、衡山、醴陵、长沙5县的情况，3月写成了著名的《湖南农民运动考察报告》。毛泽东在组织和领导湖南农民运动中深入调查研究，采取典型调查的方法，了解农民的生产生活，把握农民各个阶层的革命态度，得出"中国的革命实质上是农民革命"的判断。《湖南农民运动考察报告》是毛泽东调查研究农民运动的总结与概括，是党的历史上具有重要价值的调查研究文献。

从1927年3月5日起，《湖南农民运动考察报告》先后在中共湖南区委机关报《战士》周报、汉口《民国日报》、《湖南民报》等连载。当时主管中共中央宣传工作的瞿秋白非常重视这个报告，他于3月间在中共中央机关刊物《向导》周刊转载了这篇文章的前两章。4月，汉口长江书店以《湖南农民革命（一）》为书名，将《湖南农民运动考察报告》以单行本出版发行。瞿秋白在为该书所作的序言中说："中国革命家都要代表三万万九千万农民说话做事，到战线去奋斗，毛泽东不过开始罢了。中国的革命者个个都应当读一读毛泽东这本书"①。5月27日和6月12日，共产国际执委会机关杂志俄文版和英文版的《共产国际》先后以《湖南的农民运动（报告）》为题，转载了《向导》刊登的《湖南农民运动考察报告》。这是毛泽东第一篇被介绍到国外的文章。

《湖南农民运动考察报告》特别强调了调查研究的重要性。毛泽东指出："在乡下，在县城，召集有经验的农民和农运工作同志开调查会，仔细听他们的报告，所得材料不少。许多农民运动的道理，和在汉口、长沙从绅士阶级那里听得的道理，完全相反。许多奇事，则见所未见，闻所未闻。"② 可见，调查研究对于中国革命具有十分重要的指导意义，它的证实与证伪等功能无疑在引导早期共产党人对中国社会和国情的认识过程中，发挥了极其重要的作用，极大地提升了早期共产党人的国情认知能力与水平，为党在中央苏区时期探索中国革命道路提供了重要基础。

第二节　中央苏区党的调查研究实践

中央苏区时期是毛泽东调查研究比较集中的历史时期，这一时期的调查研究在毛泽东一生的调研实践中都占有十分重要的地位。他从实际出发，不唯书、不唯上、只唯实，形成了在斗争中开创新局面的思想路线。在领导创建中央苏区和中华苏维埃共和国的伟大实践中，毛泽东以调查研究为先导，深刻认清中国的特殊国情，克服"左"倾教条主义的干扰，从调查中得来的大量事

---

① 《瞿秋白文集（政治理论编）》第4卷，人民出版社1993年版，第574页。
② 《毛泽东选集》第1卷，人民出版社1991年版，第12页。

实和论据，对建党、建军、建政等一系列攸关中国革命前途命运的问题进行了从实践到理论的伟大创造，创作了众多经典著作和调研报告，力求通过调查研究，来深刻把握客观事物变化规律，进而制定了一系列正确的方针、政策和策略，回答了时代之问，为中国革命胜利奠定了坚实的基础。

一、在调查研究的实践中找到中国革命新道路：农村包围城市、武装夺取全国政权

1929年1月，红四军按照柏露会议采取"围魏救赵"原定决策，从井冈山向赣南进军。由于首战大余失利，其后接连遭敌袭击，原定计划被打破。直到在瑞金大柏地一战才改变被动局面。抵达东固后，得知井冈山根据地已经失守，受到东固根据地建设经验的启发，毛泽东决定放弃回师井冈山的计划。在赣南闽西数月的流动游击中，注重调查研究的毛泽东，逐渐了解了这一带的自然地理条件、经济状况、党和群众基础等方面情况。特别是东固根据地红二、四团采用与强敌"绕圈子"独特战法，让毛泽东深受启发。以红二、四团为榜样，红四军利用赣南、闽西的有利条件，开始创建比井冈山更大的根据地的战略决策，已经在毛泽东的头脑中初步形成。此时，他通过翻阅国民党的报纸，发现蒋桂两派军阀正为争夺两湖地盘而厮杀，暂时无力顾及对红四军的进攻。此种客观形势无疑对赣南闽西革命力量的持续发展十分有利，毛泽东决定将这一决策变成现实，并付诸实施。

1929年3月20日，毛泽东在住地"辛耕别墅"主持召开了红四军前委扩大会议。作出了在国民党内战初期，红四军以赣南、闽西20余县为范围，公开进行苏维埃政权割据，创建新的大块根

据地的重大决策。其后，为实施这一战略决策，红四军在赣南闽西流动游击，分兵发动群众，集中应付敌人。根据地不断拓展，土地革命逐渐深入，红军本身也得到快速发展。在这一进程中，毛泽东对中国社会状况做了系统、全面的了解，认为中国国情与资本主义国家有很大不同，中国革命同俄国十月革命在时间、地点条件上也存在差异，认识到中国农村是中国不平衡的政治发展链条中的薄弱环节，必须把建立巩固的农村根据地作为中国革命前进的伟大阵地。

当共产国际和中共中央还没有认识到这一点的时候，毛泽东从中国国情出发，经过探索并总结井冈山以及进军赣南闽西以来的革命斗争实践经验，在1930年1月给红四军第一纵队司令员林彪的信中，全面阐明并提出了以乡村为革命中心的思想。毛泽东通过调查分析指出：帝国主义相互之间的矛盾、帝国主义和中华民族之间的矛盾、中国各派反动统治者之间的矛盾、中国资产阶级同无产阶级之间的矛盾、地主阶级同农民之间的矛盾等国内外阶级矛盾和民族矛盾不是在缓和而是在日益加深，得出革命高潮不可避免地要到来的科学结论，指出了建立农村根据地，坚持和发展红色政权，实行工农武装割据，走农村包围城市的革命道路的正确方向。

农村包围城市、武装夺取全国政权道路的提出，表明中国共产党人已经找到了中国革命的正确道路。这是对马克思列宁主义关于武装夺取政权学说的重大发展，也是以毛泽东为主要代表的中国共产党人的集体创造。它反映了中国革命发展的特殊规律，必须把革命重心放在农村，指明了中国革命走向胜利的正确道路。1930年11月至1931年9月，毛泽东领导红一方面军先后粉碎了国民党军的三次"围剿",使赣南、闽西苏区连成一片,形成了拥有5万平方公里面积,地跨28个县境,占有15座县城和250万人口的苏区。1931年11月7日至20日,在瑞金召开了中华工农兵苏维埃第一次全国代表大会(简称为"一苏大会"),成立中华苏维埃共和国临时中央政府,标志着中央苏区正式形成,开始了中国共产党人治国理政的伟大预演,充分证明了农村包围城市武装夺取全国政权道路的正确性。

二、在调查研究的实践中找到建党建军传家宝:思想建党、政治建军

红四军自1929年1月从井冈山突围到赣南、闽西以来,历经连续数月的游击奔波。军部领导人的精力都集中在应付追敌和恶劣环境,较少顾及其他,因此红军中的思想政治工作有所放松。各种非无产阶级思想逐渐滋长起来,以至于部分红军官兵对党代表制度和党对军队的绝对领导等重大原则问题,产生了动摇。党内军内对党代表权力、红军中的政治工作以及军事与政治的关系、军队与地方武装的关系、军队内部实行民主制度等问题,争论不休。这些问题的产生与存在,削弱了党在红军中的领导作用的发挥,也影响了红四军本身的发展。

毛泽东已从切身的体验中看到了这个问题的重要性,进行了深入的思考。他通过对红军和地方党组织状况深入的调查,清楚地看到了党内存在的各种错误思想以及这些错误思想给党的建设带来的危害。1929年夏,毛泽东先后在闽西永定县湖雷、上杭县白砂等地,主持召开红四军前委扩大会议,试图解决这些问题。但是,由于时机与条件不成熟,不仅未达到预期效果,党内争论

反而更趋激烈。由于自己的正确主张不能得到贯彻，毛泽东一度被迫离开了红四军前委书记领导岗位。1929年11月，在中央"九月来信"的正确指导下，毛泽东重返红四军，主持前委工作。

为了解部队的真实情况，毛泽东冒着严寒深入红军各连队调查研究，召开座谈会，与干部战士一起广泛深入地座谈讨论红四军部队和党内存在的各种问题，分析产生这些问题的根源及其克服的办法。并将部队集中在上杭新泉进行为期10多天的整训。整训期间，毛泽东不断引导红军指战员认识红四军党内各种非无产阶级思想存在的原因、表现形式、克服办法等。毛泽东还通过召开农民座谈会，征求贫苦农民对红军的意见和要求。在对红四军党内军内的问题进行系统的分析之后，毛泽东着手起草了《中国共产党红军第四军第九次代表大会决议案》，为开好红四军党的第九次代表大会（即古田会议）作了充分的准备。

1929年12月28日至29日，古田会议一致通过了毛泽东为大会起草的《古田会议决议案》，决议案从根本上解决了建党建军的问题，明确了红军的性质、宗旨和任务；确立了党对红军实行绝对领导的原则，明确地提出了调查研究的工作方法。《古田会议决议案》不仅是指导红军建设的纲领性文献，也是指导中国共产党建设的纲领性文献。

三、在调查研究的实践中找到土地革命新路线：农民土地所有制

中国革命的基本问题，就是农民的土地问题。土地是农民最重要的生产资料，是农民的命根子。只有真正分得了土地，农民才会衷心拥护革命和参加革命。在党的八七会议上，虽然确定了

实行土地革命的方针，但怎样进行土地革命，以及如何通过解决农民的土地问题赢得农民的拥护和支持却并没有现成的经验。湘赣边界秋收起义受挫后，毛泽东领导起义部队来到井冈山。在那里打土豪分田地，获得一定经验后，于1928年12月颁布了我党历史上的第一部土地法——井冈山《土地法》。尔后，在创建中央苏区的过程中，毛泽东经过反复多次的调查研究，才逐步找到了一条符合中国国情的土地革命路线和分配土地的政策，得到了广大农民的支持与认可，从而为中国革命寻找到了最广泛的同盟者和最坚定的革命者。

1. 首次分兵到兴国，对土地分配作了新的修正。1929年4月中旬，毛泽东率领红四军第三纵队来到兴国开展土地革命斗争，他深入兴国县广大农村进行实地调查，下田和群众一起劳动，举办土地革命干部训练班，召开各种类型的座谈会，向群众了解兴国县的土地占有情况。在充分调查研究的基础上，制定了兴国县《土地法》，纠正了井冈山《土地法》中的部分错误，把"没收一切土地"的提法改为"没收一切公共土地及地主阶级的土地"①。毫无疑问，这一原则性的更改，在完善党的土地政策的进程中迈出了重要的一步，这样自然可以更集中力量以打击地主阶级，进而消灭封建土地关系。

2. "二七会议"决定抽多补少，酌量分田给地主或家属，减少革命的阻力。1930年2月上旬，红四军前委、赣西特委（赣南特委代表没有来得及赶到）、红五军、红六军军委在吉安陂头举行联席会议，史称"二七会议"。会前，毛泽东依据赣南闽西领导土

---

① 《毛泽东农村调查文集》，人民出版社1982年版，第40页。

地革命斗争的实践，为了减少土地革命的阻力，减少革命对立面，从而集中火力打击最主要的敌人，并以最简便的方法完成新区的土地分配。毛泽东在深入调查，反复与区乡苏维埃干部、农民协会会员座谈的基础上，对农村土地革命有了新的认识，充分肯定了实行抽多补少、按人口平均分配土地的原则，从而有力地推动了赣西南土地斗争的开展。毛泽东根据调查，还提出对豪绅地主及反动派的家属，应给予生活出路，只要不反抗苏维埃政府，也应酌量分给田地，并且把这一条写进"土地法"中，同时在"二七会议"上再次给予明确。这无疑是对兴国土地法的又一重要补充。这样就把地主本人和他们的家属区别开来了，并且也给地主本人一份土地，让他们自力更生，劳动改造。通过实行这一政策，可以减少革命的阻力，从而有利革命斗争的开展。

3. 南阳会议决定不仅要抽多补少，而且要抽肥补瘦。"二七会议"后，毛泽东率领红四军利用国民党新军阀酝酿中原军阀大战的有利时机，在赣西南地区第二次分兵。1930年5月占领寻乌县城后，进行了著名的寻乌调查。通过深入、细致的调查，毛泽东得知，实行抽多补少的分配政策，农民仍然不满意，原因就在于当地的富农把持肥田的现象十分普遍，抽出来的都是瘦田、边远地区的坏田。在分田过程中肥瘦的斗争非常激烈。要解决这一问题，在土地分配中除抽多补少外，还要增加抽肥补瘦这一条。为此，1930年6月，红四军抵达闽西长汀南阳之后，前委和闽西特委在长汀县南阳召开联席会议。毛泽东根据寻乌调查得到的实际材料，作出进一步决定：进行土地分配时，在"抽多补少"之外，还必须加上"抽肥补瘦"的原则，不准地主和富农瞒田、把持肥田，让广大贫雇农真正公平的分到土地，才能赢得他们真心拥护革命。

4. 东塘木口村等地调查指出了赣西南在执行土地法中的错误。1930年11月初，毛泽东在参加新余罗坊会议以后，经峡江往吉安布置红军撤退，贯彻"诱敌深入"的反"围剿"方针。他途经东塘村、大桥村、李家坊、西逸亭等地，对这些村、乡政府干部的组成、人口、生产、土地分配等情况，进行了简略的调查。11月7日，毛泽东来到吉水县同水区第十五乡东塘村，顾不上休息，立即找来该村苏维埃政府主席、秘书及群众数人开座谈会，询问分田情况，特别详细调查了东塘贫民小学教员兼村苏维埃政府秘书胡德顺一家的经济、生活情况。11月8日，毛泽东来到金滩区第九乡的大桥村，在大桥"邦伯弟"祠堂门口召集村主席孙修恩和部分群众开座谈会，仔细了解该村的分田情况。随后，又到吉安儒坊区的李家坊、西逸亭等村作调查。在李家坊的调查中，他发现了以村为单位分配土地的现象很普遍，提出要迅速改变这一现象。通过东塘与李家坊等地的调查，使毛泽东掌握了村乡两级苏维埃政府在土地斗争中的组织和活动情况，认识到以村为单位分配土地问题的不合理性，指出："以村为单位，这种利于富农不利于贫农的分配法，是应该改变的。"① 11月12日至15日，中共赣西行动委员会和中共江西省行动委员会分别在吉安召开扩大会。毛泽东根据在东塘等处的调查，就土地分配问题在会上作了重要指示。11月18日，红军放弃吉安，毛泽东和前委秘书长古柏同志从吉安往永丰藤田，会合红军主力。11月21日，毛泽东从水南经白砂在木口村吃午饭。他抓紧饭前、饭后的时间，找来

---

① 《毛泽东文集》第1卷，人民出版社1993年版，第246页。

村政府部分委员,在该村彭家祠开调查会,调查了村政府委员的成分及本村所杀反动分子的情况。通过调查,毛泽东得出结论:中农在平分土地中不但无所失而且有所得,富农、小地主则在农民的激烈斗争中便要走到反革命阵营中去的。综合吉安地区几个地方的调查,毛泽东对赣西南贯彻土地法,开展土地革命非常不满意,认为富农阶层把持了各级政府。在大兵压境之际,使毛泽东深深感到反"围剿"的战场绝不能放在这一带。

5. 明确土地所有权,土地革命路线初步形成。第一次反"围剿"胜利后,到了春耕时节,毛泽东经过调查,发现农民耕田播种的积极性不高,引起了他的高度重视。1931年2月28日,毛泽东根据苏区中央局第九号通告精神和自己在调查中发现的问题,以中央革命军事委员会总政治部主任的名义,给江西省苏维埃政府写了一封极为重要的信,极力督促江西省各级苏维埃政府尽快宣布土地归农民个人所有的问题,指出:"过去分好了的田(实行抽多补少、抽肥补瘦了的)即算分定,得田的人,即由他管所分得的田,这田由他私有,别人不得侵犯。"[①]"租借买卖,由他自主。田中出产,除交土地税于政府外,均归农民所有。"[②] 土地所有权的明确,大大提高了农民的生产积极性。

在三年多的土地革命实践中,毛泽东经过一系列调查研究,形成了一套比较切实可行的土地革命的路线、政策和方法,这就是:依靠贫农雇农,联合中农,限制富农,消灭地主阶级,变封建的土地所有制为农民的土地所有制;以乡为单位,按人口平均

---

① 《毛泽东文集》第1卷,人民出版社1993年版,第256页。
② 《毛泽东文集》第1卷,人民出版社1993年版,第256页。

分配土地，在原耕地基础上，抽多补少，抽肥补瘦，给地主和富农以生活出路，等等。这些适合中国国情的土地革命的路线、政策和方法，是毛泽东通过对寻乌、兴国、吉安、闽西等地的调查和经验总结中逐步修正和完善起来的。以毛泽东为代表的中国共产党人，把马克思主义的普遍真理同中国革命的实际结合起来，通过调查研究，逐步解决了土地革命中的一系列重大问题。

四、在调查研究的实践中找到中国革命的依靠力量：工农群众

在赣南闽西，为尽可能掌握更多城市与农村的斗争情况，制定正确的城市和农村政策，团结大多数人到革命阵营中，毛泽东在寻乌调查和兴国调查中通过深入细致的调研，找到了革命依靠和团结的力量，坚定了革命的信心。

1.《寻乌调查》弄清了地主与富农以及商业的问题。毛泽东认为自己对商业状况是个门外汉，对地主和富农也没有深入的了解，因而迫切需要掌握各阶级的经济、政治的状况，以便及时制定正确的方针、政策。1930年5月初，红四军进入寻乌城，利用分兵之际，毛泽东在古柏的协助下，在寻乌县马蹄岗开了十多天的调查会。开会时，毛泽东亲自主持，亲手记录，亲自提问题。除了开调查会，他还做了20多天的实际调查，下马看花，深入到商店、作坊、集市，找商人、工人、小贩、游民谈话，到城郊农村，同农民一边干活，一边调查，广泛了解各行各业群众的生活和思想状况。整理出了八万多字的《寻乌调查》。这是毛泽东作的一次"最大规模"的调查。他不仅调查了农村，还第一次调查了城镇，尤其调查了城镇的商业和手工业状况及其历史发展过程和特点。通过此次调查,毛泽东掌握了城市商业情况,为制定正确对待城市贫民和商业资产阶级,确立土地分配中限制富农的"抽肥补瘦"原则提供了实际依据。他说:"提出解决富农问题的办法,不仅要抽多补少,而且要抽肥补瘦,这样才能使富农、中农、贫农、雇农都过活下去。假若对地主一点土地也不分,叫他们去喝西北风,对富农也只给一些坏田,使他们半饥半饱,逼得富农造反,贫农、雇农一定陷于孤立。当时有人骂我是富农路线,我看在当时只有我这办法是正确的。"① 通过此次调查,毛泽东发现寻乌县贫苦农民剥削被压迫的程度异常严重,生活之艰难以致很多地方出现了卖儿子的现象。由此可见,地主阶级是革命的对象,贫农则是革命最可靠的同盟者。对于富农,毛泽东在调查中发现它具有"两面性",不应该对它采取过激的打击政策而把它推到敌人的队伍去,在一定条件下也可以与贫农结合成为革命的力量,既是打击对象又是可联合的同盟者。

2.《兴国调查》弄清了中农、贫农和雇农的问题。1930年10月25日至30日,毛泽东主持新余罗坊会议部署反"围剿"工作。会议期间,兴国苏区有700多位农民随红军从吉安来到罗坊镇,毛泽东从中找到温奉章、傅济庭、李昌英、陈侦山、钟得五、黄大春、陈北平和雷汉香8位兴国籍农民,在罗坊镇彭家洲,开了一星期的调查会,并于1931年整理成《八个家庭的典型调查》,后改名为《兴国调查》。通过这次深入的调查,毛泽东有了农村基础概念,知道农村土地斗争后农民有了12项巨大利益,特别是中农的获得感最强,经济上"平"进了田,政治上有了"话事权";

---

① 《毛泽东农村调查文集》,人民出版社1982年版,第22页。

弄清了中农、贫农和雇农的问题，进一步明确了在这场斗争中依靠谁、团结谁、孤立谁、打倒谁的问题，在调查中进一步坚定了革命胜利的信心。因为占人口80%的农民要翻身，只有两个字——革命，广大贫苦农民在土地革命中时刻"叨红军的恩典"。通过兴国调查，毛泽东在寻乌调查的基础上进一步加深了对农民问题的认识，对中国革命道路有了更加深刻的体悟，也为后来形成抗日民主统一战线作了铺垫。

3. 仁风山工矿调查与改造流氓工作。1930年4月，仁风山的发现以及仁风山矿工的尖锐斗争，引起了毛泽东的高度重视。毛泽东敏锐地发现它的特殊价值，明确提出"我们对于这一区是要比赣南其他的农业区域多加一些注意。"① 在农村根据地的创建过程中，毛泽东希望有一块以工人阶级为代表领导的根据地。他在会昌发现仁风山的情况后，决定做这个调查，有了以仁风山为斗争中心，并以矿山工人为中心创建根据地的念头。同时，毛泽东一直对流氓问题很关注，希望对流氓进行改造。

1930年4月中旬，毛泽东率领红四军打下会昌城，1930年4月22日，盘古山特委书记徐复祖带领部分靖石农民和盘古山钨矿的部分工人代表，到会昌县城陈家祠向毛泽东汇报了盘古山特委的建立和活动情况，就仁风山区农民运动现状、盘古山钨矿的开采、矿工运动、乱石的武装斗争、美英帝国主义设立钨砂公司等情况作了详细汇报。毛泽东在记录中不断询问，对革命队伍中存在的流氓习气等问题进行了详细地了解。通过此次调查，毛泽东写下了《仁风山及其附近》《对流氓和农民武装的策略》两篇文

---

① 来自文献《仁风山及其附近》。

章。对徐复祖回去开展革命斗争提出了具体要求，并从红四军抽出大批枪支组建以仁凤山暴动工人为主的红军第 22 纵队。1931 年 12 月，中华苏维埃共和国刚一成立，便委派毛泽民来到仁凤山主办中华钨砂公司，可以看出毛泽东对仁凤山的重视非同一般。对流氓问题的调查后，1930 年 6 月中下旬，毛泽东在长汀南阳主持召开红四军前委和闽西特委联席会议，审议通过了《富农问题》和《流氓问题》的两个决议，制定了对流氓的策略，即把流氓从统治阶级底下夺取过来，给以土地和工作，强迫其劳动，改变其社会条件，使其由流氓变为非流氓，或者转变到革命阵营中来。

五、在调查研究的实践中找到基层苏维埃政权建设"活"的榜样：模范长冈乡和才溪乡

1933 年秋，国民党反动派向中央苏区发动了第五次"围剿"，同时又加紧经济封锁，给苏区军民造成了极大的困难。因此，苏维埃中央政府提出"一切苏维埃工作服从革命战争的要求"。怎样动员群众去完成革命任务？许多地方的政府机关存在敷衍塞责或强迫命令的严重错误，同群众的关系十分不好，大大阻碍了政府任务与计划的执行。为了解决这些问题，1933 年冬，毛泽东对江西省兴国县的长冈乡、福建省上杭县的才溪乡进行了详细的调查研究，整理出了《长冈乡调查》和《才溪乡调查》，在中华苏维埃共和国第二次全国苏维埃代表大会（简称为"二苏大会"）上发出了向这两个模范乡学习的号召。

在调查中，毛泽东发现了这两个乡的先进经验，其共同特点是：宣传教育工作好，生产组织得好，群众生活安排得好，公债推销得好，参加红军踊跃。

这两个乡的工作成绩具体表现在：成立了劳动互助社和耕田队，使劳动力有组织地调剂，这种生产形式，受到了群众的欢迎，特别是参加红军多的村子。群众的生活水平有了提高，在革命前，他们的粮食不够吃，只有三个月米饭吃。革命后，可以吃到六个月米饭，还有余。碰到夏荒，乡政府又组织人到外县办米救济群众。有人没有房子住，乡苏维埃政府发动群众帮助修建。过去，每人两年做一套衫裤，现今每人每年做一套半。

乡和村政权的各个委员会，都是经过群众选举产生，不称职的代表，经过讨论可以随时撤换。他们推销公债，不是强迫摊派，而是宣传鼓动，提高群众对购买公债作用的认识。经济建设的成绩，兴奋了群众，经济建设配合政治动员，使广大群众为了保卫苏区、发展苏区而上前线去，全无家庭后顾之忧，纷纷参加红军。才溪乡16岁至55岁有4928人，男子出来当红军、做工作的有1018人，女子29人。长冈乡分为四村，有1785人，出外当红军、做工作的320人。这两个乡在经济建设与支援革命战争的关系上解决得好，收到了很大的成效。

因此，毛泽东指出："无数的下级苏维埃工作同志，又在许多地方创造了许多动员群众的很好的方法"[①]。他正是用长冈乡和才溪乡的先进经验的具体事实，驳斥了几种不切合实际的瞎说。毛泽东作长冈乡调查和才溪乡调查，找到了加强基层政权建设的钥匙，即关心群众生活，注意工作方法，改进工作作风，为苏维埃政权建设提供了"活"的榜样，成为他在"二苏大会"上的重要结论之一。

---

① 《毛泽东农村调查文集》，人民出版社1982年版，第287页。

总之，以毛泽东为主要代表的中国共产党人，正是从中国的实际情况出发，反对来自共产国际的错误指导和共产党内连续出现的"左"、右倾错误，依靠群众，注意工作方法，真心实意为群众办好事，建立红军和根据地，开展土地革命战争和游击战争，成功地把党的工作重心由城市转入农村，独创性地开辟了农村包围城市、武装夺取全国政权的革命道路；初步解决了有关中国新民主主义革命的性质、任务、对象、动力和前途等问题；初步解决了农民土地问题、党的建设问题、武装斗争问题、统一战线问题，等等。这样，从20世纪20年代后期到30年代前期，毛泽东思想就在中国共产党人异常艰苦的革命实践和理论创造中逐步形成和发展起来。这就为实现全民族抗战和争取中国革命的胜利，提供了有力的理论保证。

第二章　中央苏区调查研究的原则和方法

以毛泽东为主要代表的中国共产党人在中央苏区不仅开展了大量的调查研究，撰写整理出了极为宝贵的调查研究报告，还对调查研究的丰富实践进行了经验总结和理论升华，形成了党在中央苏区调查研究的理论，提出并丰富了中央苏区调查研究的原则和方法。

第一节　中央苏区调查研究的基本原则

调查研究是运用科学方法认识世界和改造世界的活动或过程。在这个活动或过程中，必须坚持调查研究的基本原则。以毛泽东为主要代表的中国共产党人在中央苏区的调查研究，始终坚持主题明确、实事求是、解决问题基本原则，为调查研究工作的科学化指明了方向。

一、主题明确的原则

毛泽东在《反对本本主义》一文中指出："你对于那个问题不能解决吗？那末，你就去调查那个问题的现状和它的历史吧！你完完全全调查明白了，你对那个问题就有解决的办法了。"[1] 我们

---

[1] 《毛泽东农村调查文集》，人民出版社1982年版，第2页。

的调查，不是漫无目的的调查，而是必须揣着问题去调查。在中央苏区，毛泽东所做的调查研究，都是带着具体问题去的，具有明确的问题导向，都是紧紧围绕明确的主题开展调查研究。

1. 带着明确的目的去开展调查。毛泽东指出："迈开你的两脚，到你的工作范围的各部分各地方去走走，……归来时脑子已经不是空的了，已经载来了解决问题的各种必要材料"①。这就告诉我们，在调查过程中，必须要有明确的目的性，不能走马观花，也不能记流水账，而必须围绕我们想要了解的主题，想要解决的问题，去搜集各种所需的必要材料。

比如，在《寻乌调查》中，毛泽东指出："关于中国的富农问题我还没有全般了解的时候，同时我对于商业状况是完全的门外汉，因此下大力来做这个调查。"② 因此，毛泽东作寻乌调查具有非常强的目的性，就是弄清楚富农和商业状况。为了弄清楚这两个问题，他进行了深入唯实的调查研究。关于寻乌的商业状况，毛泽东具体调查了从门岭到梅县、从安远到梅县、从梅县到门岭、从梅县到安远与信丰经寻乌的生意情况，以及惠州来货、寻乌的出口货、寻乌的重要市场等情况，详细调查了寻乌城市场各种货物的种类、店铺分布、经营品种、专卖经营、商品成色、货物来源、市场价格、销售方向、年度贸额、荣枯演变、店员制度等情况。关于富农问题，如果单独调查富农这一状况，而不分析了解富农和其他阶级的情况，是不能清楚掌握富农在整个农村土地革命斗争中的状况的。所以，毛泽东全面调查了寻乌的旧有土地关

---

① 《毛泽东农村调查文集》，人民出版社1982年版，第2页。
② 《毛泽东农村调查文集》，人民出版社1982年版，第41页。

系，详细掌握了农村人口成分、旧有田地分配、公共地主、个人地主、富农、贫农、山林制度、剥削状况、寻乌文化9个方面的状况，并从分配土地的方法、山林分配、池塘分配、房屋分配、分配土地的区域标准、城郊游民要求分田、留公田、分配快慢、抵抗平田的人、非农民是否分田、废债、土地税、土地斗争中的妇女等17个方面深入调查了寻乌的土地斗争。最终从详细的调查中回答了我们党应该如何在土地革命中解决商业问题和富农问题。可以说，毛泽东作寻乌调查，其目的相当明确，都是围绕着了解和解决商业状况和富农问题来展开的。

再比如，毛泽东作长冈乡调查时，中央苏区的中心任务是动员广大群众参加革命战争，打败国民党军队的"围剿"。如何加强根据地建设、改善群众生活、调动群众积极性，以保证革命战争的需要？带着这一问题，毛泽东深入长冈乡的山水田间，到群众中、到实践的第一线去寻求答案。他说："这个问题的解决，不是脑子里头想得出来的，这依靠于从动员群众执行各种任务的过程中去收集各种新鲜的具体的经验，去发扬这些经验，去扩大我们动员群众的领域，使之适合于更高的任务与计划。"①

由于带着问题有备而来，毛泽东通过翔实的调查和深入的分析，下功夫把这一个地方研究透，对机会主义者的瞎说进行了驳斥。针对发展生产与扩大红军有没有矛盾的问题，用该乡全部青壮年男子中外出当红军、做工作的占79%的数据，以群众既支持青壮年踊跃参加红军又搞好生产的事实，作出了明确的回答。他深刻指出："长冈乡扩大红军如此之多，生产不减少，反增加了，

---

① 《毛泽东农村调查文集》，人民出版社1982年版，第286页。

即因为他们把这个问题很好地解决了。"①

2. 带着具体的纲目去开展调查。明确了主题，确定好了目的之后，如何才能在调查中确保自己聚焦中心，不会跑偏主题呢？毛泽东告诉我们，调查中要事先制定调查纲目，在调查的过程中，按照纲目发问。调查纲目，不仅要有大纲，还要有细目，这样就可以确保我们在调查的过程中紧紧围绕主题、紧贴目的。

比如，1933年，才溪乡因在乡苏维埃选举、扩大红军及发展经济方面的突出成绩，得到中央苏区和福建省苏维埃政府的嘉奖，被誉为"第一模范区"。毛泽东想从才溪乡调查中，搜集总结乡苏、市苏应该怎样进行他们的工作的具体经验。为了实现这一主要目的，他又列了具体的行政区划、代表会议、此次选举、乡苏下的委员会、扩大红军、经济生活、文化教育7个大纲，围绕每一纲目，他又列了具体的小纲目。比如，在代表会议这一大纲目中，他又列了代表数、代表团、代表与居民的关系、代表的政治表现、代表的调动与补选、女代表6个小的纲目。而这6个小纲目，分别从代表的具体数量、代表团的数量、代表管辖居民的数量、代表的具体政治表现、代表是如何调动和补选以及代表的性别比等情况，详细调查了解才溪乡是如何开展代表会议的，给学习经验的人提供了具体详细的参考。

再如在兴国调查中，毛泽东指出："这个调查的缺点，是没有调查儿童和妇女状况，没有调查交易状况和物价比较，没有调查土地分配后农业生产的状况，也没有调查文化状况。这些本来是要调查的，因为敌人对罗坊进攻了，红军决定诱敌深入的方针，

---

① 《毛泽东农村调查文集》，人民出版社1982年版，第312页。

我们的调查会只得结束。"① 毛泽东说自己没有调查这些情况,这种剖析不是事后反思出来的,而是在他调查前就已经打算好了要调查的内容,可见他在调查前就对自己要调查的具体内容列了提纲,做到了心中有数。

3. 抓住要点去开展研究。主题明确的原则不仅体现在调查收集资料阶段,还体现在我们对搜集上来的资料如何分析研究和运用上。毛泽东指出:"材料是要搜集得愈多愈好,但一定要抓住要点或特点(矛盾的主导方面),马克思研究资本主义,列宁研究帝国主义,都是收集了很多统计和材料,但并不是全部采取,而只是采取最能表现特点的一部分"②。这就告诉我们,在调查研究过程中,虽然要聚焦目标广泛地搜集资料,但是矛盾也有主次之分,要分清主次,抓住目标的主要方面进行分析研究,这样才能真正做到目标明确,而不是记流水账。

比如,在寻乌调查中,当时我们党内对待富农的政策是主张消灭富农。毛泽东通过调查研究,发现富农身上存在着封建剥削成分和霸占肥田的事实。他们放很恶的高利贷、"捡谷钱"和"捡油钱",还霸着自己的肥田不肯拿出去,这是"土地斗争的中心,也即是富农与贫农的斗争。"③

但是他更看到了,当时国内的主要任务是反帝反封建,我们应团结更多的力量将之统一到完成这一主要任务上来,这就势必要求我们在以富农为代表的中间力量上有所让步。而且富农和地主最根本的区别是自己参加劳动,有很强的农民性的一面。且大

---

① 《毛泽东农村调查文集》,人民出版社1982年版,第183页。
② 《毛泽东农村调查文集》,人民出版社1982年版,第25页。
③ 《毛泽东农村调查文集》,人民出版社1982年版,第174页。

多数富农"是由农民力作致富升上来的,或由小商业致富来的。"① 本质上还是农民勤劳致富的代表,是农民美好生活的希望所在。如果把富农列入革命对象中去,虽有消灭剥削的成分,但更有对农民勤劳致富的否定,对农民生活希望的打击,不但会严重挫伤群众生产和革命的积极性,不利于革命形势的发展和农业农村的繁荣,更会落入"均田主义"的封建农民起义的老套中去。同时,他还通过调查农村人口成分发现,农村小地主、破落户、新发户、富农和中农占农村人口的28.255%,是一个很大的数量,对革命影响至关重要。而富农的政策对这一群体的影响很大,如果没有处理好富农的问题,将极大增加革命的阻力,严重削弱革命的力量,而且富农在经济和政治上也受到大中地主的双重压迫,很有革命的需求,可以争取到革命队伍中来。

那么,要把富农拉进革命队伍,如何平衡好各阶级之间的关系呢?毛泽东根据富农具有封建剥削成分和霸占肥田的事实,提出了废债和"抽肥补瘦"的办法来限制富农。限制富农既有效避免过"左"打击富农,让富农可以保存一定的经济实力,很好地生活下去,又让中下农得到了利益,不至于因此不满,进而把所有力量都统一到反帝反封建的革命斗争中去。

毛泽东在寻乌调查中,始终坚持主题明确,对富农问题分析清楚、研究透彻,提出限制富农的策略,充分展示了毛泽东为了解决富农问题,既有全局观,又有重点观,这种分析研究的方式,使得毛泽东真正抓住了富农问题的中心和实质,为他解决这一问题提供了办法。

---

① 《毛泽东农村调查文集》,人民出版社1982年版,第129页。

二、实事求是的原则

20世纪30年代,我们党还处于幼年时期。在中国这样的国度搞革命,没有现成模式和经验可资借鉴。十月革命一声炮响,给我们送来了马克思列宁主义,中国革命因此有了理论指导和经验借鉴。但由于年幼的中国共产党当时还不能正确处理马克思主义指导思想和中国具体国情的关系,存在着把马列主义教条化、把共产国际决议和苏联经验神圣化、把中央指示奉为圣旨的教条主义倾向。对此,毛泽东指出:"马克思主义的'本本'是要学习的,但是必须同我国的实际情况相结合。我们需要'本本',但是一定要纠正脱离实际情况的本本主义。怎样纠正这种本本主义?只有向实际情况作调查。"① 毛泽东不仅是这么说的,也是这么做的。无论何时,他都始终坚持实事求是,并将实事求是的原则贯穿调查研究始终。

1. 从理论联系实际中做到实事求是。在党的六大上,我们接受了共产国际意见,认为现在的政权"是地主、军阀、买办、民族资产阶级底国家政权,这一反动联盟依靠着国际帝国主义之政治的经济的威力",要把民族资产阶级看作革命的敌人加以消灭。因此,在对待城市的策略上,将在农村没收豪绅地主阶级的政策搬到城市中来,1930年4月11日攻克信丰县城后,红军把城内10多家日用百货和杂货店都作为豪绅地主和官僚资本家来对待,把他们的资产全部没收了,这样一来,商店关门了,市场停摆了,城内一片恐慌,不仅影响了城市商业和手工业的发展,还极大影

---

① 《毛泽东农村调查文集》,人民出版社1982年版,第4页。

响了城市贫民的日常生活，引起了他们的不满。这些事情都引起了毛泽东的注意，他指出："对于商业的内幕始终是门外汉的人，要决定对待商业资产阶级和争取城市贫民群众的策略，是非错不可的。"①

为了探讨正确对待民族资产阶级的问题，1930年5月，毛泽东通过寻乌调查，详细调查了寻乌的政治区划、交通、商业、旧有土地关系、土地斗争等情况，并运用马克思主义的立场、观点、方法进行分析研究。他发现，在寻乌城，手工业者占总人口的11%，是寻乌城第二大群体，加上135个商人，共计占比16%，人口占比不可小觑。他还通过对寻乌商业和手工业的分析发现，其中存在的剥削因素很少，老板和店员之间的"阶级关系原来是那样的模糊"②，加之随着商业流通"中站地位"的丧失和洋货市场对土货市场的取代，他们大都陷入惨淡经营、朝不保夕的境地，民族资产阶级在经济上也处于被剥削的地位。而在政治上，"中地主是全县权力的中心"③，他们是无权过问的，即使有几个商人能"参加那统治全县的县政府"，"也不是完全代表商业资产阶级说话，他们是接受地主的领导，帮着做些事。"④

据此，毛泽东得出结论，在商业、手工业者中是否成为革命的对象，不能简单地以职业为划分标准，而关键要看其政治态度，对政治上不反动的商业、手工业经营者，应予以保护。

2. 在密切联系群众中做到实事求是。受欧洲马克思主义者重

---

① 《毛泽东农村调查文集》，人民出版社1982年版，第56页。
② 《毛泽东农村调查文集》，人民出版社1982年版，第65页。
③ 《毛泽东农村调查文集》，人民出版社1982年版，第127页。
④ 《毛泽东农村调查文集》，人民出版社1982年版，第100页。

视工人明显贬低农民大众的影响，国内少部分党的领导人对农民力量估量不足，认为"农民'散漫'、'保守'、'难以加入革命'"。毛泽东却坚信"群众是真正的英雄"，共产党人的正确决策需要到群众中做实际调查。

在中央苏区的调查中，毛泽东尊重群众的智慧，认为"群众是真正的英雄，而我们自己则往往是幼稚可笑的，不了解这一点，就不能得到起码的知识。"[1] 老年人有丰富的经验，不但懂得现状，而且明白因果，有斗争经验的青年人有进步的思想，有锐利的观察。比如，在寻乌调查中，他请来了11个人一起开调查会，这11个人里面，既有小地主，也有中下贫农，既有小商人，也有小知识分子。他甘当小学生，虚心向这些贫农、中农、破产小地主、杂货店主等群众请教，并指出，"他们都给了我很多闻所未闻的知识""是我的可敬爱的先生，我给他们当学生是必须恭谨勤劳和采取同志态度的"[2]。

在兴国调查中，到场的8位农民开始显得十分拘谨。为活跃气氛，毛泽东说："1929年4月，我从于都经赣县来到兴国时，兴国正遭春旱，大家很着急。有一天，兴国县委召开群众大会，请我讲话。我说：'打狗手中得有棍子或石块，闹革命就必须掌握武器。'会开到一半，忽然响起春雷，一会儿，一场大雨就落下来，你们说这是不是革命一来，老天爷都怕了，变得风调雨顺了？"毛泽东这一段话，引得在场的人都笑了，尴尬场面被打破，8人争着发言。此后几天，调查会都在轻松活跃的气氛中进行。

---

[1] 《毛泽东农村调查文集》，人民出版社1982年版，第17页。
[2] 《毛泽东农村调查文集》，人民出版社1982年版，第16页。

毛泽东还把群众是否满意作为检验工作的标准，从各阶级、阶层群众的满意度出发来制定土地斗争策略。在寻乌调查中，毛泽东通过调查研究细致地发现，"没收富农与否，群众认为是不成问题的。群众中成为问题的，就是一个肥瘦分配的斗争，这是土地斗争的中心，也即是富农与贫农的斗争。"① 为此，毛泽东采取了废债和"抽肥补瘦"的办法来限制富农。毛泽东深有感触地说："我作了寻乌调查，才弄清了富农与地主的问题，提出解决富农问题的办法，不仅要抽多补少，而且要抽肥补瘦，这样才能使富农、中农、贫农、雇农都过活下去。假若对地主一点土地也不分，叫他们去喝西北风，对富农也只给一些坏田，使他们半饥半饱，逼得富农造反，贫农、雇农一定陷于孤立。当时有人骂我是富农路线，我看在当时只有我这办法是正确的。"②

3. 从周密细致的调查研究中做到实事求是。毛泽东不仅强调没有调查就没有发言权，还强调不做正确的调查研究同样没有发言权，指出走马观花式地"看到一点表面，一个枝节就指手画脚"的做法会弄坏事情，"像挂了一篇狗肉账，像乡下人上街听了许多新奇故事，又像站在高山顶上观察人民城郭"③ 的调查研究用处不大，必须要做正确的调查研究才能找到解决问题的办法。

关于调查研究正确的方法是什么呢？毛泽东在《反对本本主义》一文中做了说明，他说我们的调查研究不能像挂狗肉账或是听了许多新鲜故事或是只看个大概那样，而必须通过阶级分析的

---

① 《毛泽东农村调查文集》，人民出版社1982年版，第174页。
② 《毛泽东农村调查文集》，人民出版社1982年版，第22页。
③ 《毛泽东农村调查文集》，人民出版社1982年版，第5页。

方法,"明了社会各阶级的政治经济状况"①,进而明了"各阶级现在的以及历史的盛衰荣辱的情况"②。他进一步指出:"我们调查工作的主要方法是解剖各种社会阶级,我们的终极目的是要明了各种阶级的相互关系,得到正确的阶级估量,然后定出我们正确的斗争策略。"③ 这也是"了解情况的最基本的方法"④。

例如,在寻乌调查中,毛泽东通过阶级分析的方法,发现封建土地所有制经过长时间的发展,使得土地资源高度集中于少数大地主、中地主手中,同时,在政治上大地主与中地主阶级也处于中心,封建的剥削制度使得农民甚至不少小地主阶级生存日益困难,占农村人口70.5%的贫农常年吃不饱饭,寻乌每年有2%的人家破产,5%的人家半破产,打倒地主阶级是没有疑义的;寻乌的民族资产阶级在政治和经济上也处于被剥削的地位,但由于其自身经济上的弱小必然决定了其政治和思想上的弱小,使得他们难以成为革命的领导阶级,但其思想上不反动,是革命可以团结的对象;农民依旧是以寻乌为代表的中国广大地区的人口主体,他们由于受封建压迫最深,革命意愿最强,随着马克思主义的日益传播,用科学理论武装起来的农民群众能在革命中发挥出极大的能动作用,"打翻这个封建势力,乃是国民革命的真正目标。孙中山先生致力国民革命凡四十年,所要做而没有做到的事"⑤,寻乌农民在几个月内就做到了。

---

① 《毛泽东农村调查文集》,人民出版社1982年版,第5页。
② 《毛泽东农村调查文集》,人民出版社1982年版,第5页。
③ 《毛泽东农村调查文集》,人民出版社1982年版,第6页。
④ 《毛泽东农村调查文集》,人民出版社1982年版,第15页。
⑤ 《毛泽东选集》第1卷,人民出版社1991年版,第15页。

第二种方法就是召开调查会。毛泽东认为这是"最简单易行又最忠实可靠的方法"①，相反，"东张西望，道听途说，决然得不到什么完全的知识。"② 调查会具体怎么开呢？他在《反对本本主义》一文中专门对调查研究的技术做了概括，对于开调查会的方法、调查会应到的人员及人员数量、调查前的准备、调查中是否要亲自出马等问题都做了详细的回答。例如，在寻乌调查中，毛泽东开了十多天的调查会；在兴国调查中，毛泽东开了一个星期的调查会。

三、解决问题的原则

在《反对本本主义》这篇著作中，毛泽东指出："调查就像'十月怀胎'，解决问题就像'一朝分娩'。调查就是解决问题。"③这就告诉我们，调查研究必须坚持解决问题的基本原则。如果不能解决任何问题，那就不要去搞调查研究，不要去浪费人力、物力等。理论和实践都表明，任何问题的解决都有赖于调查研究。为什么这么说呢？因为要解决问题，那就要先认识问题、分析问题，而认识问题、分析问题的过程，就是调查研究的过程。

1. 要把调查与研究有机结合起来。调查研究，顾名思义包括调查与研究这两个重要环节。调查是收集社会资料的活动或过程，研究是分析社会资料的活动或过程。搞好调查研究，必须把调查与研究这两个环节有机结合起来，才能解决问题。

毛泽东在中央苏区的调查研究，始终坚持解决问题的原则，

---

① 《毛泽东农村调查文集》，人民出版社1982年版，第16页。
② 《毛泽东农村调查文集》，人民出版社1982年版，第16页。
③ 《毛泽东农村调查文集》，人民出版社1982年版，第3页。

把调查与研究这两个重要环节有机结合起来。比如，在寻乌调查中，他通过对寻乌农村的调查，收集了寻乌农村人口的数据和资料，整理出寻乌农村人口成分①如下：

农村人口成分	占比
大地主（收租五百石以上的）	百分之零点零四五
中地主（收租五百石以下二百石以上的）	百分之零点四
小地主（收租二百石以下的）	百分之三
破落户	百分之一
新发户	百分之二
富农（有余钱剩米放债的）	百分之四
中农（够食不欠债的）	百分之一十八点二五五
贫农（不够食欠债的）	百分之七十
手工工人（各种工匠，船夫，专门脚夫）	百分之三
游民（无业的）	百分之一
雇农（长工及专门做零工的）	百分之零点三

至此，毛泽东初步做了调查、收集、整理等调查环节的工作。接下来，毛泽东是怎么开展具体研究的呢？我们不妨跟着毛泽东的思路来分析研究。

通过寻乌调查，毛泽东发现 1930 年的寻乌农村有大地主、中地主、小地主、富农、中农、贫农、手工工人、游民、雇农 9 种人，其中，中农、贫农合起来共占寻乌农村人口总数的 88.255%。他把寻乌农村各个阶级、阶层的标志性特征抽象出来加以概括，指出："地主是以收租为主；富农是以雇工为主，自己

---

① 《毛泽东农村调查文集》，人民出版社 1982 年版，第 105 页。

参加劳动；中农是以不出卖劳动力为主，经营自己的土地；贫农是一定要出卖劳动力，靠自己的土地不够生活；雇农完全出卖劳动力，没有土地。"①

为什么要分析农村中的各个阶级？因为要明确革命的对象和革命的依靠力量。毛泽东在《反对本本主义》一文中指出："确定哪些阶级是革命斗争的主力，哪些阶级是我们应当争取的同盟者，哪些阶级是要打倒的。"《毛泽东选集》第一卷第一篇文章就是《中国社会各阶级的分析》，开篇第一句话他就指出："谁是我们的敌人？谁是我们的朋友？这个问题是革命的首要问题。"②

后来，在兴国调查中，毛泽东通过对兴国第十区即永丰区的调查，收集了永丰区人口的数据和资料，整理出兴国第十区人口成分③大略如下：

人口成分	占比
地主	百分之一
富农	百分之五
中农	百分之二十
贫农	百分之六十
雇农	百分之一
手工工人	百分之七
小商人	百分之三
游民	百分之二

---

① 《毛泽东农村调查文集》，人民出版社1982年版，第24页。
② 《毛泽东选集》第1卷，人民出版社1991年版，第3页。
③ 《毛泽东农村调查文集》，人民出版社1982年版，第200页。

通过兴国调查，毛泽东发现 1930 年的兴国永丰区有地主、富农、中农、贫农、雇农、手工工人、小商人、游民 8 种人，其中，地主、富农合起来共占人口总数的 6%，中农、贫农合起来共占人口总数的 80%。

那么，他们的土地分配情形如何？通过兴国调查，毛泽东发现永丰区旧有田地的分配[①]如下：

田地分配人群	占比
地主	百分之四十
公堂	百分之十（为地主富农所共有）
富农	百分之三十
中农	百分之十五
贫农	百分之五

因此，毛泽东分析指出："我在兴国调查中，知道地主占有土地达百分之四十，富农占有土地达百分之三十，地主、富农所共有的公堂土地为百分之十，总计地主与富农占有土地百分之八十，中农、贫农只占有百分之二十。但是，地主人口不过百分之一，富农人口不过百分之五，而贫农、中农人口则占百分之八十。一方面以百分之六的人口占有土地百分之八十，另方面以百分之八十的人口则仅占有土地百分之二十。因此得出的结论，只有两个字：革命。"[②]

那么，如何革命？到 1931 年春，经过调查研究，在总结土地

[①] 《毛泽东农村调查文集》，人民出版社 1982 年版，第 199 页。
[②] 《毛泽东农村调查文集》，人民出版社 1982 年版，第 26 页。

革命经验的基础上,中央苏区基本上形成了一条符合中国革命实际的、马克思列宁主义的土地革命路线。这条土地革命路线的核心内容是:依靠贫农、雇农,联合中农,限制富农,保护中小工商业者,消灭地主阶级,变封建半封建土地所有制为农民的土地所有制。其土地分配的基本政策是:没收地主阶级土地和一切公共土地,以乡为单位,以原耕为基础,按人口平均分配土地,实行"抽多补少、抽肥补瘦"的原则。

2. 要解决好"是什么"这个问题。客观地反映社会事实,即解决好"是什么"这个问题,是调查研究的第一个基本任务,也是调查研究要解决的第一个基本问题。

毛泽东在中央苏区的调查研究,始终坚持解决问题的原则,把解决好"是什么"这个问题作为调查研究的重要任务。比如,在寻乌调查中,为了搞清楚"城市是什么样"这个问题,他先后召开了10多天的调查会,还深入到寻乌城的街道作坊,调查了寻乌城21个行业、131家大小不同商店的历史、现状及其主人的政治态度等。

为什么要搞清楚"城市是什么样"这个问题?毛泽东在《寻乌调查》一文中指出:"对于商业的内幕始终是门外汉的人,要决定对待商业资产阶级和争取城市贫民群众的策略,是非错不可的。非常明显,争取贫民一件事,一般同志不感觉它的重要,高级指导机关感觉它的重要了,却始终不能给同志们以行动上的具体策略,尤其是不能把具体工作方法指示出来。这不是由于不了解城市是什么东西才弄成这种现象吗?"[①]

[①] 《毛泽东农村调查文集》,人民出版社1982年版,第56页。

所以，毛泽东下决心要了解城市问题。他说："我是下决心要了解城市问题的一个人，总是没有让我了解这个问题的机会，就是找不到能充足地供给材料的人。这回到寻乌，因古柏同志的介绍，找到了郭友梅和范大明两位老先生。多谢两位先生的指点，使我像小学生发蒙一样开始懂得一点城市商业情况，真是不胜欢喜。倘能因此引起同志们（尤其是做农村运动和红军工作的同志们）研究城市问题的兴味，于研究农村问题之外还加以去研究城市问题，那更是有益的事了。"①

通过对寻乌城的调查，毛泽东指出："寻乌城是这样一个手工业商品和资本主义商品交战表演了剧烈的荣枯得失的地方，怎么不值得我们注意呢？还有，寻乌城至今还是一个不定期的店铺交易和定期的圩场交易并行着的地方，它约有二千七百人口，一道坚城的内外，表现它那寂寞的情调，除非到一、四、七的圩期，才临时地热闹几小时，这不又是一件很好的资料吗？"②

毛泽东通过对寻乌城的调查，收集了寻乌城人口成分的数据和资料，整理出寻乌全城近 2700 人的各业比例③如下：

职业	人口数	百分比
农民	一六二〇	六〇
手工业者	二九七	一一
游民	二七〇	一〇
娼妓	一六二	六

---

① 《毛泽东农村调查文集》，人民出版社 1982 年版，第 56 页。
② 《毛泽东农村调查文集》，人民出版社 1982 年版，第 57 页。
③ 《毛泽东农村调查文集》，人民出版社 1982 年版，第 99 页。

续　表

职业	人口数	百分比
商人	一三五	五
政府机关	一〇〇	四
地主	七八	三
宗教徒	二二	一弱
共计	二六八四	一〇〇

通过对寻乌城的调查，毛泽东发现1930年的寻乌城有农民、手工业者、游民、娼妓、商人、政府机关工作人员、地主、宗教徒八种人，其中，农民、手工业者合起来共占寻乌城人口总数的71％。因此，毛泽东在《寻乌调查》一文中指出，"看这个表，农民和小手工业者共占百分之七十一，便知这个城市还是以农业手工业为主体"，"寻乌这个城，把它的人口成分剖解起来，才知它还完全是一个农业手工业城市。"[①]

3. 要解决好"为什么"这个问题。对社会现象作出科学的解释，分析社会现象产生的原因，即解决好"为什么"这个问题，是调查研究的第二个基本任务，也是调查研究要解决的第二个基本问题。

毛泽东在中央苏区的调查研究，始终坚持解决问题的原则，把解决好"为什么"这个问题作为调查研究的重要任务。比如，在寻乌调查中，他调查了在寻乌旧有土地关系下的剥削状况。经过调查，毛泽东发现寻乌农民"禾头根下毛饭吃"。

何谓"禾头根下毛饭吃"？毛泽东在《寻乌调查》一文中指

[①]《毛泽东农村调查文集》，人民出版社1982年版，第99页。

出："'禾头根下毛（没有）饭吃'，说的是刚打下禾交过租就没有饭吃了，这种情形寻乌简直占百分之四十。"①

为什么"禾头根下毛饭吃"呢？毛泽东进行了深入细致的调查。他说："譬如耕了二十担谷田的，量去了十一担多租，剩下八担多。去年过年和今年青黄不接毛饭吃时借过地主谷子两三担，加上加五利，又要还去三担多至四担多。打禾了，要买好东西招扶地主。禾打过了，买上一点油盐，春上一点米子，立秋刚到，一切都完。这就叫做'禾头根下毛饭吃'，又叫做'一年耕到又阿嗬'。"②

为了更深入说明为什么"禾头根下毛饭吃"这个问题，毛泽东在《寻乌调查》一文中，还引用了寻乌南半县的一首民谣："月光光，光灼灼。埃跌苦，你快乐。食也毛好食，着也毛好着。年年项起做，总住烂屋壳。暗婧女子毛钱讨，害埃穷人样得老。暗好学堂埃毛份，有眼当个瞎眼棍。天呀天，越思越想越可怜。事业毛钱做，年年总耕田。六月割也就，田东做贼头。袋子一大捆，擎把过街溜。吗个都唔问，问谷曾晒就？穷人一话毛，放出下马头。句句讲恶话，俨然税户头。唔奈何，量了一箩又一箩，量了田租量利谷，一年耕到又阿嗬！又阿嗬，会伤心，穷兄穷弟爱同心，穷姊穷妹爱团结，团结起来当红军，当到红军杀敌人！"③

又比如，在兴国调查中，毛泽东发现兴国永丰区四个乡的地租剥削并不一样。在《兴国调查》一文中，毛泽东指出："一乡（凌源里）、二乡（永丰圩）、四乡（猴迳）地租均是百分之五十，

---

① 《毛泽东农村调查文集》，人民出版社1982年版，第137页。
② 《毛泽东农村调查文集》，人民出版社1982年版，第137—138页。
③ 《毛泽东农村调查文集》，人民出版社1982年版，第138—139页。

三乡（三坑）大部分百分之六十，小部分百分之五十。"①

为什么同一个区的地租剥削会不一样呢？对这个问题，毛泽东进行了深入细致的调查。他说："因为一、二、四乡有水灾，又有旱灾，收成常不好，故租较低。第三乡没有水旱灾，故租较高。"②

为什么一、二、四乡有水旱灾，第三乡没有水旱灾呢？"因为一、二、四乡是塅田，那一带的山都是走沙山，没有树木，山中沙子冲入河中，河高于田，一年高过一年，河堤一决便成水患，久不下雨又成旱灾。第三乡多是山田，田高于河，虽田亩很小，却雨不怕水，晴不怕旱。"③

在毛泽东召集的兴国调查会期间，参与调查会的兴国农民温奉章痛诉旧有土地关系下的剥削状况。温奉章说，革命爆发前，他家租佃了大地主刘花让八亩"浅脚田"，父亲交了押金，可父亲一死，刘花让就认为死无对证，硬要他家每年按成交租外，另付二担半干谷作押金，交不起的部分加利息。他说着说着，还唱起了兴国山歌："农民头上三把刀，租重税恶利钱高。剥了皮来又刮肉，骨头熬出四两膏！"④

4. 要解决好"怎么办"这个问题。对社会现象作出对策研究，提出解决问题的办法，即解决好"怎么办"这个问题，是调查研究的第三个基本任务，也是调查研究要解决的第三个基本

---

① 《毛泽东农村调查文集》，人民出版社1982年版，第201页。
② 《毛泽东农村调查文集》，人民出版社1982年版，第201页。
③ 《毛泽东农村调查文集》，人民出版社1982年版，第201页。
④ 赣州市委党史办：《永恒的初心——赣南苏区红色故事》，中共党史出版社2018年版，第60页。

问题。

毛泽东在中央苏区的调查研究，始终坚持解决问题的原则，把解决好"怎么办"这个问题作为调查研究的重要任务。比如，在寻乌土地斗争中，分配土地的办法。毛泽东经过调查发现："寻乌县革命委员会（县政府）提出了四个办法，要区乡苏维埃召集群众代表开会讨论，任凭选择一种。那四个办法是：一、照人口平分；二、照劳动力状况分配，劳动力多的多分，劳动力少的少分，即四岁以上、五十五岁以下为一劳动单位分全田，四岁以下、五十五岁以上分半田；三、照生活财源多寡分配，如做手艺的少分，无他职业的多分；四、照土地肥瘦分配，肥的少分，瘦的多分。施行结果，多数地方采取第一个办法。后头斗争发展，寻乌党就采取第一种办法作为主要办法，推行各区，得到了多数贫农群众的拥护。现在照这个办法来分配的土地，占全分配区域百分之八十。这百分之八十的地方，通通按照人口数目，不分男女老少，不分劳动能力有无大小，以人口除田地的总数去分配。"①

又比如，在寻乌土地斗争中，农村池塘怎么分配？经过调查，毛泽东提出农村池塘的分配办法："所有权归苏维埃，使用权归农民，由池塘的邻近人家轮流管理，每年更换一家。"②

暴动在莳田之后怎样处理土地？毛泽东在《寻乌调查》中提出："有三种处理法。第一种是上档（又叫'早子'）归原耕，下档（又叫'番子'）归新户。第二种是新户帮钱给原耕，上档亦归新户得谷。第三种是不论上下档谁分了谁就去收获"③。

---

① 《毛泽东农村调查文集》，人民出版社 1982 年版，第 165 页。
② 《毛泽东农村调查文集》，人民出版社 1982 年版，第 167 页。
③ 《毛泽东农村调查文集》，人民出版社 1982 年版，第 174—175 页。

那么，山林怎么分配？毛泽东在《兴国调查》一文中指出："分山比分田更困难，有大山，有小山，有柴火多，有柴火少，有大树的，有小树的，有无树的，因此难分。"① 那如何分呢？毛泽东指出："不照山的面积分，照山的茶子树分。以一担'桃'（一担茶子，值钱二串，叫做一担桃）为标准，大树三十根为一担桃，中树六十根为一担桃，小树百二十根为一担桃。把全村山地算成桃数，然后按人口平均分配，插牌子为界。"② 这样就比较好地解决了这个问题。

第二节　中央苏区调查研究的方法

调查研究既是一门科学，也是一门艺术。坚持正确的方法论，对于坚持调查研究的可靠性和科学性至关重要。以毛泽东为主要代表的中国共产党人在中央苏区的调查研究，始终坚持不耻下问、开门纳谏、刨根问底、去伪存真等方法，为我们提供了较好的方法指引。

一、不耻下问

1933年11月下旬，时任中华苏维埃中央执行委员会主席和人民委员会主席的毛泽东长途跋涉，从瑞金来到闽西一个偏远的小山乡才溪进行社会调查。为了更加深入地了解情况，用事实证明苏区在大规模的"扩红"（扩大红军）之后，依然可以有效地进

---

① 《毛泽东农村调查文集》，人民出版社1982年版，第236页。
② 《毛泽东农村调查文集》，人民出版社1982年版，第236页。

行社会动员,组织生产活动和经济建设,毛泽东决定驻村调查。警卫员担心他太劳累了,便建议道:"开了名单请有关人员来不是一样吗?""不。"毛泽东耐心开导他,"我们做调查研究工作的同志,应该有张良求师的精神。"①

何为"张良求师的精神"?古人有云:"三人行,必有我师焉。"历代多少圣贤名人,都有虚心求教、不耻下问的精神。正如毛泽东所言,"先做学生,然后再做先生;先向下面干部请教,然后再下命令。"毛泽东强调做调查研究工作的同志,应该有张良求师的精神,也就是不耻下问的态度,这就要求我们做调查研究时必须端正态度,坚持长期不懈做调查研究;这就要求我们做调查研究时必须俯下身子,在虚心向群众学习中做调查研究。

1. 要有正确的态度,长期不懈做调查研究。调查研究要讲究正确的态度,这是毛泽东调查研究思想的根本要求。毛泽东指出:"现在我们很多同志,还保存着一种粗枝大叶、不求甚解的作风,甚至全然不了解下情,却在那里担负指导工作,这是异常危险的现象。"② 为此,要有正确的态度,主动做调查研究,了解实情,以弥补自身的不足,并且把调查研究长期不懈地坚持下去。

毛泽东对调查研究的复杂性和艰巨性有着深刻的认识,提出了要"随时随地""长期"进行调查研究的思想。他在《关于农村调查》中,以自己了解农村的亲身经历,说明调查研究的这种性质。他说,从他个人调查农村来说,是经过六七年的时间的。在大革命时期他做了四个月的农民运动,对农村情况有了初步的认

---

① 《毛泽东农村调查文集》,人民出版社1982年版,第16页。
② 《毛泽东农村调查文集》,人民出版社1982年版,第15页。

识。后来中央要他管理农民运动,他下了一个决心,走了一个月零两天,调查了长沙、湘潭、湘乡、衡山、醴陵五县,对农民运动是否"过火"的问题有了结论,但在当时,他对农村阶级的结构,仍不十分了解,土地革命战争时期他又作了寻乌调查,弄清了富农与地主的问题;作了兴国调查,弄清了贫农和雇农问题,等等,经过多年的努力,才对中国农村有了本质认识。因此,毛泽东指出:"我们的调查工作,是要有耐心地、有步骤地去作,不要性急。我自己认识农村,就是经过好几年的工夫的。"①

毛泽东还从事物运动变化和认识深化的角度论述了调查研究的长期性。调查研究必须树立发展的观点,客观世界在发展,社会实践在发展,人们的认识也必须随之而发展,只有坚持长期的反复的调查研究工作,才能不断检验和加深已有的知识,才能不断认识新事物,获得新的知识,实现主观和客观、理论和实践的具体和历史的统一。毛泽东指出:"事物是运动的,变化着的,进步着的。因此,我们的调查,也是长期的。今天需要我们调查,将来我们的儿子、孙子,也要作调查,然后,才能不断地认识新的事物,获得新的知识。"② 后来,他又强调指出:"民主革命阶段,要进行调查研究,社会主义革命和社会主义建设阶段,还是要进行调查研究,一万年还是要进行调查研究工作。"③ 毛泽东一方面强调作某项调查不能"毕其功于一役",而要坚持不懈地进行;另一方面,强调搞调查研究不能局限于一时一事,而要持之以恒,对客观事物作动态考察,这样才能达到预期目的。毛泽东

---

① 《毛泽东农村调查文集》,人民出版社1982年版,第21页。
② 《毛泽东农村调查文集》,人民出版社1982年版,第21页。
③ 《毛泽东文集》第8卷,人民出版社1999年版,第262页。

关于调查研究长期性的思想，为我们进行科学决策提供了辩证唯物主义认识论的可靠基础。

2. 要虚心向群众学习，俯下身子做调查研究。调查研究要向群众虚心学习，这是毛泽东搞调查研究的另一个方法，也是毛泽东关于调查研究思想的重要内容。毛泽东指出："必须放下臭架子，到群众中间，深入调查，向群众学习，才能得到对中国社会问题的最基础、最详尽的知识。"① 毛泽东做寻乌调查时深入街头巷尾、店铺圩场、农家作坊、田间地头，与民众同吃同住同劳动，从学历、年龄、阶层、行业选取非常有代表性的 11 人，开了十几天各种形式的调查会。从参会人员、会议主题纲目、会议主持讨论再到会议记录整理都亲力亲为，亲自选择开会人员、主持、询问并记录，白天夜晚实地走访、开会、劳动、交谈，在寻乌俯下身子、沉下心一住就是 20 余天。

做人民群众的学生，向人民群众学习，到群众生活的社会实践中去做调查研究，是毛泽东一贯倡导的工作作风。我们进行调查研究，"第一是眼睛向下，不要只是昂首望天。没有眼睛向下的兴趣和决心，是一辈子也不会真正懂得中国的事情的。"② 其次，要有甘当小学生的精神。毛泽东举自己在兴国、长冈乡和才溪乡调查研究的例子。他说："兴国调查和长冈、才溪两乡调查，找的是乡级工作同志和普通农民。这些干部、农民、秀才、狱吏、商人和钱粮师爷，就是我的可敬爱的先生，我给他们当学生是必须恭谨勤劳和采取同志态度的，否则他们就不理我，知而不言，言

---

① 《毛泽东农村调查文集》，人民出版社 1982 年版，第 15 页。
② 《毛泽东农村调查文集》，人民出版社 1982 年版，第 15 页。

而不尽。"①

毛泽东倡导的调查研究，要让被调查者知无不言，言无不尽，调查者必须恭谨勤劳和采取同志式的态度，甘当被调查者的学生，对此，毛泽东指出："必须明白，群众是真正的英雄，而我们自己则往往是幼稚可笑的，不了解这一点，就不能得到起码的知识"，"和全党同志共同一起向群众学习，继续当一个小学生，这就是我的志愿。"② 毛泽东认为，党的方针、政策必须坚持"从群众中来，到群众中去"，以形成正确的领导意见，这是基本的领导方法。同时，向群众学习，把他们的经验结合起来，成为更好的有条理的道理和办法，然后再告诉群众，并号召群众实行起来，解决群众的问题，使群众得到解放和幸福，这也是我们基本的工作方法。正是毛泽东俯下身子做调查研究，虚心向群众学习，才使其获得了很多前所未闻的知识，掌握了最基本的国情，为其理论产生和政策的制定，提供了最直接和完备的素材。

二、开门纳谏

在《〈农村调查〉的序言和跋》一文中，毛泽东明确指出："没有满腔的热忱，没有眼睛向下的决心，没有求知的渴望，没有放下臭架子，甘当小学生的精神，是一定不能做，也一定做不好的。"③ 这就告诉我们，调查研究必须坚持开门纳谏，这是共产党人密切联系群众的正确态度和有效方法。

1. 要想群众之所想、急群众之所急、解群众之所困。调查研

---

① 《毛泽东农村调查文集》，人民出版社1982年版，第15—16页。
② 《毛泽东农村调查文集》，人民出版社1982年版，第18页。
③ 《毛泽东农村调查文集》，人民出版社1982年版，第16页。

究必须坚持开门纳谏,把群众的烦心事、头痛事作为自己的第一位工作,真正想群众之所想、急群众之所急、解群众之所困,才能掌握最真实的数据,才能获得群众真心实意的支持。

毛泽东在长冈乡调查的时候,收集了长冈乡动员群众执行各种任务的经验并加以总结,涉及政治区划及户口、代表会议、此次选举、乡苏下的委员会、地方部队、群众生活、劳动力的调剂与耕牛问题、公债的推销、合作社运动、文化运动、卫生运动、社会救济、妇女、儿童、反帝、工人、贫农团、宣传队、突击队、革命竞赛20个方面的内容,贯穿其中的一条主线,就是牢固的群众路线、真挚的为民情怀。

毛泽东在《长冈乡调查》中指出:"苏维埃是群众生活的组织者,只有苏维埃用尽它的一切努力解决了群众的问题,切切实实改良了群众的生活,取得了群众对于苏维埃的信仰,才能动员广大群众加入红军,帮助战争,为粉碎敌人的'围剿'而斗争。应该明白:长冈乡在战争动员上的伟大成绩,是与他们改良群众生活的成绩不可分离的。"[1] "长冈乡工作的特点,在于能用全力去动员群众,用极大的耐心去说服群众,结果能完全实现他们的任务,并且争取了最快的速度,推销公债不过一例。"[2] "在许多地方的苏维埃不注意社会救济工作、许多地方的互济会只知收月费不知救济群众困难的情形下,长冈乡苏维埃与互济会的社会救济工作,是值得赞扬的。长冈乡是在最具体最实际地解决群众中的每一个困难问题。"[3] 当年,贫农马荣海房子失火烧了,乡苏维埃

---

[1] 《毛泽东农村调查文集》,人民出版社1982年版,第308页。
[2] 《毛泽东农村调查文集》,人民出版社1982年版,第314页。
[3] 《毛泽东农村调查文集》,人民出版社1982年版,第323页。

政府发动群众捐钱捐料，三天就帮他盖起了新房。此外还做了慰劳红军、救济饥荒、救济红军家属等工作。

《兴国调查》通过对8个家庭的观察和询问，真实反映了红军给当地百姓带来的希望，从与百姓生活息息相关的物价着手，极力控制物价，提高了群众生活水平。"'叨红军的恩典'，过去七十块钱一头的牛，如今只要二十元买得到了。'叨红军的恩典'，百物都便宜了。油过去二十三元一担（一百斤），现在只要十元一担了。谷过去四元一石，现在一元一石（三个铜片一升米）。柴过去二十文一斤，现在八文一斤。肉过去五百三十文一斤，现在三百二十文一斤。"①

毛泽东在《江西土地斗争中的错误》中指出："永新，富农操纵粮食。政府采取抑制富农政策是对的。"② 从与群众切身利益相关的粮食、茶山、红军家属等问题进行细致考虑，及时分析研判各项政策的合理性，为的就是最大程度地保障群众的利益。

2. 要有问题意识，坚持问题导向，反对官僚主义和形式主义。调查研究必须坚持开门纳谏，要牢固树立问题意识、坚持问题导向，进行深刻自我剖析，摒弃一切官僚主义和形式主义的做法，才能找到解决问题的正确道路。

在《〈农村调查〉的序言和跋》一文中，毛泽东指出："有许多人，'下车伊始'，就哇喇哇喇地发议论，提意见，这也批评，那也指责，其实这种人十个有十个要失败。"③ "离开实际调查就

---

① 《毛泽东农村调查文集》，人民出版社1982年版，第187页。
② 《毛泽东农村调查文集》，人民出版社1982年版，第271页。
③ 《毛泽东农村调查文集》，人民出版社1982年版，第17页。

要产生唯心的阶级估量和唯心的工作指导"① 等马克思主义观点，痛陈一些干部存在的自我意识膨胀、"眼睛向上"的现象。毛泽东告诫全党，只有调查研究才能产生马克思主义世界观，明确提出调查研究是马克思主义同中国实际情况相结合的途径和方法。

在大桥做调查时，通过对当地人与田的分配、田的肥瘦对收成等的影响的调查，得出了"每人每年要吃十箩谷，分八箩的不够二箩，分九箩的不够一箩"的结论，此结论明显需要采取一定的对策。毛泽东坚持问题导向，思考出了补足的办法："一是做工，如染布、做米、做木匠、做铁匠、做裁缝等。出外乡做工的有三百多，其中往赣州的一百七八十人，做米工、做裁缝、做小生意的多；往吉安的约一百人，做米、染布的多，这些人家里都分了田。本乡不出杂粮。二是织布，家家妇女织布，每'件'布十二丈多，一百二十多尺，工钱四百文，手脚快要十天，一人每月共可收入一千二百文。手脚不快，有小孩子耽搁，十天不能织一件布。富农及小商人从吉安贩了洋纱来，分发各村各家。织得不好的，三百钱一件也有，二百钱一件也有，要赔布的也有。一件布，另外落得（赚得）二两纱，这二两纱织得二尺布，一尺布价一百文至一百一十文，农民穿衣就靠落这项纱。织工价每月千二百文做油盐钱。以上做工和织布，是两个用以补足食用不够之大宗来源。现在布没有多少织了，工也没有多少做了。去赣州的工人尚未回来，去吉安的一百人回来了五六十个。"②

在《分青和出租问题》一文中，毛泽东发现了无劳动力的人

---

① 《毛泽东农村调查文集》，人民出版社1982年版，第4页。
② 《毛泽东农村调查文集》，人民出版社1982年版，第257页。

口占比为百分之七十五,四个人中只有一个人可以耕田的"中国的大问题",认真对比了分谷制与收租制的优缺点,得出了分谷制有利于富农、收租制有利于贫农的结论,并且据此采取了正当的政策,即:(一)贫农、雇农及失业者分了田,缺乏牛力、农具、本钱的,由政府没收富农地主的多余牛力、农具等项,分给雇农、贫农、失业人等私人使用,同时,奖励集体使用这些工具,把没收富农地主的东西交些给合作社。再有一种办法,就是私人向富农临时借用牛力、农具,以资补助。政府裁制那些故意不借东西的富农,以赞助贫农、雇农及失业者。(二)至于那些完全不能耕田的人,应准许他们在下列条件之下,把田租与富农中农耕种:(甲)废除分谷制,规定固定租额,凶荒无减。(乙)规定最低租额(百分之五十),务使富农对贫农雇农的"剥削"不得过多。(丙)不准富农借口只耕己田,不耕人田。如富农不愿租田时,乡政府应将本乡必须出租的田,分配租与本乡富农中农,强制他们耕种。①

在兴国调查时,毛泽东一针见血地指出了政府人员的弊病,第一个就是官僚主义。"官僚主义,摆架子,不喜接近群众。群众有人走到政府里去问他们的事情时,政府办事人欢喜呢,答他们一两句,不欢喜呢,理也不理,还要说他们'吵乱子'。"② 政府人员是为群众服务的,是替群众办事情的,如果"门难进、脸难看、事难办",群众的利益就会被损害,干群关系就会被疏远。

3. 要坚持群众观点,向群众学习,做群众的小学生,依靠群

---

① 《毛泽东农村调查文集》,人民出版社1982年版,第281页。
② 《毛泽东农村调查文集》,人民出版社1982年版,第244页。

众的力量。坚持群众观点就是要抛弃偏见，用鼓励的眼光看待群众。调查研究必须坚持开门纳谏，就是要不断深入群众、亲近群众，才能获得群众的信任与支持。

在《〈农村调查〉的序言和跋》一文中，毛泽东指出，"群众是真正的英雄，而我们自己则往往是幼稚可笑的。"[①] "眼睛向上"就容易看到成绩而忽视存在问题，进而滋生在成绩面前沾沾自喜的错误倾向。共产党员如果"眼睛向上"，就容易骄傲自满、目空一切、脱离群众、脱离实际，形成不正确的政绩观。

在《关于农村调查》一文中，毛泽东再次明确指出："怎样使对方说真话？各个人特点不同，因此，要采取的方法也各不相同。但是，主要的一点是要和群众做朋友，而不是去做侦探，使人家讨厌。群众不讲真话，是因为他们不知道你的来意究竟是否于他们有利。要在谈话过程中和做朋友的过程中，给他们一些时间摸索你的心，逐渐地让他们能够了解你的真意，把你当做好朋友看，然后才能调查出真情况来。群众不讲真话，不怪群众，只怪自己。"[②] "我在兴国调查中，请了几个农民来谈话。开始时，他们很疑惧，不知我究竟要把他们怎么样。所以，第一天只是谈点家常事，他们脸上没有一点笑容，也不多讲，后来，请他们吃了饭，晚上又给他们宽大温暖的被子睡觉，这样使他们开始了解我的真意，慢慢有点笑容，说得也较多。到后来，我们简直毫无拘束，大家热烈地讨论，无话不谈，亲切得像自家人一样。"[③]

---

① 《毛泽东农村调查文集》，人民出版社1982年版，第17页。
② 《毛泽东文集》第2卷，人民出版社1993年版，第383页。
③ 《毛泽东农村调查文集》，人民出版社1982年版，第27页。

在作兴国调查和长冈乡调查时，毛泽东发现，在当时的农业技术条件下，耕牛的作用仅仅次于人工，但是完全无牛的农民也占很大的比例。因此解决问题的办法就是领导群众组织犁牛合作社，共同集股买牛。具体实施的办法就是在自愿原则下，每家按照所分的田亩数"每担谷田"出谷二升至三升。如果采取租牛的方式，则每年"每担谷田"需要出牛租五升。这个办法是石水乡群众提出来的，并且他们已经实践过，可以推广至各地。此种智慧来自群众，不仅解决了贫苦农民的困难，做到了"人尽其才""物尽其用"，也有效增加了农业生产。

毛泽东认识到并重视妇女在革命战争中的伟大力量，在查田运动等各种群众斗争上，无论是在经济战线、文化战线，还是在军事动员、苏维埃的组织上，妇女们都表现出了她们的英雄姿态与伟大成绩。毛泽东认识到了女工农妇代表会的领导与推动作用，并且就日后的工作改善提出了建议，即"每个乡苏维埃，都应该把领导女工农妇代表会的工作，放在自己的日程上。"①

4. 要练就一副能够深入实际的铁脚板。调查研究必须坚持开门纳谏，就是要不断深入基层、深入实际，练就一副深入群众的铁脚板，才能真正解决问题、推动工作。

毛泽东在《反对本本主义》一文中指出："一切结论产生于调查情况的末尾，而不是在它的先头。只有蠢人，才是他一个人，或者邀集一堆人，不作调查，而只是冥思苦索地'想办法''打主意'。须知这是一定不能想出什么好办法，打出什么好主意

---

① 《毛泽东文集》第1卷，人民出版社1993年版，第314页。

的。"① "共产党正确而不动摇的斗争策略，决不是少数人坐在房子里能够产生的，它是要在群众的斗争过程中才能产生的，这就是说要在实际经验中才能产生。因此，我们需要时时了解社会情况，时时进行实际调查。"② 这深刻印证了"知屋漏者在宇下，知政失者在草野"这句话，一定要深入百姓、深入实际。

在《兴国调查》一文中，毛泽东指出："实际政策的决定，一定要根据具体情况，坐在房子里面想象的东西，和看到的粗枝大叶的书面报告上写着的东西，决不是具体的情况。倘若根据'想当然'或不合实际的报告来决定政策，那是危险的。"③ 实践出真知，仅靠臆想绝对不能办成事、得民心。

毛泽东在《寻乌调查》中指出："读者们，这不是我过甚其词，故意描写寻乌剥削阶级的罪恶的话，所有我的调查都很谨慎，都没有过分的话。我就是历来疑心别人的记载上面写着'卖妻鬻子'的话未必确实的，所以我这回特别下细问了寻乌的农民，看到底有这种事情没有？细问的结果，那天是三个人开调查会，他们三个村子里都有这种事。"④ 不被一叶障目，深入实际、耳听目睹，才能看清事物本质，决策才能正确可靠。

长冈乡的工作为什么做得好？为什么群众心甘情愿地支持？毛泽东通过与群众同吃同住同劳动，真实了解苏区干部"节省每一个铜板为着革命战争"的工作作风，真实体会"鱼水深情"，掌握了长冈乡以廉洁奉公、无私奉献为荣的社会风尚。

---

① 《毛泽东农村调查文集》，人民出版社1982年版，第2页。
② 《毛泽东农村调查文集》，人民出版社1982年版，第8页。
③ 《毛泽东农村调查文集》，人民出版社1982年版，第182页。
④ 《毛泽东农村调查文集》，人民出版社1982年版，第150页。

三、刨根问底

毛泽东在《反对本本主义》一文中指出："迈开你的两脚，到你的工作范围的各部分各地方去走走，学个孔夫子的'每事问'"①。这告诉我们，调查研究必须坚持刨根问底。

在调查研究过程中不妨多些"刨根问底"，通过由表及里、由此及彼、去粗取精、去伪存真地深入分析，把握事物和问题的本质，找出制约因素和关键症结，按照对症下药、辩证施策的路子，找到解决的正确方法，才能高质量地推动问题整改。

1. 要直面问题、找准问题、破解问题。马克思曾说过："问题就是时代的口号"。一个先进的政党，总是善于在众声喧哗中听清楚时代的声音，解决时代提出的问题。一名合格的领导者，更要具有深厚的问题意识，在实践中发现问题，在探索中提出问题，以历史勇气直面问题，以责任担当研究问题，以政治智慧回答问题，以实干精神推动问题的解决。因此，调查研究必须坚持刨根问底，就是要不断去发现问题并解决问题，这才是搞好调查研究的基本要求和重要方法。

党的八七会议确定了土地革命和武装反抗国民党反动派的总方针。但是，对怎样开展土地革命，会议只做出若干原则性的规定，还没有形成完整系统、切实可行的政策和办法。在开展土地革命的过程中，甚至出现了"地主不分田""富农分坏田"等政策偏差，同时，由于土地革命主要在农村进行，党对城市贫民和商业资产阶级这两者的策略并不清晰，也给起步不久的中国土地革

---

① 《毛泽东农村调查文集》，人民出版社1982年版，第2页。

命带来了困难，给部分群众带来了损失、引起了不满。带着这些问题，毛泽东在寻乌进行了大规模的社会调查，努力探寻中国土地革命的正确发展方向。调研过程中，毛泽东通过对寻乌旧有土地关系和土地斗争的调查，探索了关于农村阶级划分、土地革命政策、取缔剥削政策和分配土地池塘房屋的办法和标准等问题，提出了不仅要抽多补少，也要抽肥补瘦，使富农、中农、贫农和雇农都活下去等解决问题的方法。同时，寻乌调查不仅调查了苏维埃政权下的新农村，还详细调查了城镇尤其是城镇商业和手工业的发展过程和现状特点，为制定对资产阶级及城市贫民群众的政策提供了更充分的依据。

在《总政治部关于调查人口和土地状况的通知》一文中，毛泽东指出："调查的人要不怕麻烦。调查这一乡，必须找到他们的分田的人口和土地调查本子，找到这一乡的经手分田的土地委员和熟悉这一乡情形的人，先把每一家人的阶级成分和每一亩田为哪个阶级占有（属于地主、富农、中农、贫农……）分别清楚，再用硬算的办法统计清楚，按照实际数目填写上去。"[①]

2. 要坚持以材料数据为支撑，逻辑严密、论证充分。领导干部的调查研究情况、决策行动如何，直接影响着一个地区、行业、部门的发展，影响着一定范围内群众的利益。调查研究必须坚持刨根问底，就是要坚持以材料数据为支撑，逻辑严密、论证充分。

调查研究要收集大量的材料数据。毛泽东1930年在寻乌县调查时，直接与各界群众开调查会，掌握了大量第一手材料，诸如

[①] 《毛泽东农村调查文集》，人民出版社1982年版，第12页。

该县各类物产的产量、价格，县城各业人员数量、比例，各商铺经营品种、收入，各地农民分了多少土地、收入怎样，各类人群的政治态度，等等，都弄得一清二楚。

调查研究要逻辑严密、充分论证。毛泽东指出，在调查农民的成分时，不仅要了解清楚自耕农、半自耕农、佃农等以租佃关系区别的各种农民的数量，而且尤其需要弄清楚富农、中农、贫农等以阶级区别的各种农民的数量；在调查商人的成分时，不仅需要去调查粮食业、衣服业、药材业等行业的人数是多少，而且尤其需要弄清楚小商人、中等商人、大商人的具体人数。不仅要对各行各业的情况做大致的调查，还要调查清楚各业内部的阶级情况、各行业之间的相互关系、各阶级之间的相互关系。在《关于农村调查》一文中，毛泽东指出："有同志要问：'十样事物，我调查了九样，只有一样没有调查，有没有发言权？'我以为如果你调查的九样都是一些次要的东西，把主要的东西都丢掉了，那末，仍旧是没有发言权。"①

3. 要不唯上、不唯书、只唯实。在《关于农村调查》一文中，毛泽东回忆道，自己在1920年的时候就第一次看了考茨基的《阶级斗争》一书，看了陈望道翻译的《共产党宣言》，以及一个英国人写的《社会主义史》，这些著作让他了解了人类有史以来就有阶级斗争，阶级斗争是社会发展的原动力，并且初步形成了认识问题的方法。然而，尽管这些著作影响深远，却并没有涉及中国的基本国情，对解决中国的问题仍然存有一定距离。因此，毛泽东没有"照单全收"、全部吸收书中观点，而是结合中国实际，

---

① 《毛泽东农村调查文集》，人民出版社1982年版，第25页。

提出并丰富了"阶级斗争"的方式方法，并以实践为指导来研究中国实际的阶级斗争。

为了了解寻乌县城到底是什么样子，毛泽东下定决心把寻乌这个地方研究透彻。通过了解寻乌城这个市场来了解寻乌城，并且从盐、杂货、油、豆、屠坊、酒、水货、药材、黄烟、裁缝、伞、木器、伙店、豆腐、理发、打铁、爆竹、打首饰、打洋铁、修钟表、圩场生意、娼妓、同善社、人口成分和他们在政治上的地位25个方面（货物）去剖解寻乌城的生活情况和组织内容，不靠传统经验和既有资料，摸清了一个真真实实的寻乌城。

坚持刨根问底，自然也要不唯上，以免陷入狭隘的经验论。九一八事变后，中日民族矛盾上升为我国社会主要矛盾，为此毛泽东在《关于农村调查》一文中指出："今天无论解决任何问题，都应该以这个主要矛盾作为认识问题和解决问题的出发点，假若丢掉主要矛盾，而去研究细微末节，犹如见树木而不见森林，仍是无发言权的。"[①]

在长冈乡进行调查的时候，毛泽东直击"一切苏维埃工作服从革命战争的要求"这个问题，指出自己看到的现状，即"现在上级苏维埃工作人员中我们遇得到这样的情形：发得出很多的命令与决议，却不知道任何一个乡苏、市苏工作的实际内容。"[②] 他一针见血地指出，"这是不行的，这是官僚主义，这是苏维埃工作的障碍！"[③] 并指出："无数的下级苏维埃工作同志，又在许多地方创造了许多动员群众的很好的方法，他们与群众打成一片，他

---

① 《毛泽东农村调查文集》，人民出版社1982年版，第25页。
② 《毛泽东文集》第1卷，人民出版社1993年版，第276页。
③ 《毛泽东文集》第1卷，人民出版社1993年版，第276页。

们的工作收到了很大的成效，上级苏维埃人员的一种责任，就在把这些好的经验收集整理起来，传播到广大区域中去。这样的工作，现在应该立即在各省各县实行起来，反对官僚主义的最有效方法，就是拿活的榜样给他们看。"①

四、去伪存真

去伪存真是确保调查研究结论可靠性的重要方法。只有通过深入认真地调查与研究，才能真正做到去粗取精、去伪存真，进而由此及彼、由表及里，准确地揭示出事物的本质和规律，把零散的信息系统化，把粗浅的认识深刻化，从而抓住关键，找到规律，看到本质。

1. 既重线索，更重细节。《寻乌调查》文本的完成时间比较长，从调查到写好调查报告一共用了一个多月时间，毛泽东亲临现场，亲眼观察，亲耳聆听，亲手记录、亲自总结出 81000 多字的文字材料，内容庞大却细致入微。对于寻乌的行政区划、交通通信，特别是寻乌商业的历史现状及方方面面，记录总结之细腻、之全面，令人惊叹不已。对于涉及民生和寻乌特色产品的米、茶、纸、木、香菇、茶油等，记录也十分详细。如《寻乌调查》第三章寻乌商业中第 15 小节讲豆腐那段，也可见到毛泽东在调查中收集的材料非常翔实。"两升半豆子做一桌豆腐，豆子两升半的价钱是五毛，豆腐一桌的价钱是六毛半，赚一毛半。所谓'一桌豆腐'，就是大豆腐干四十六块，零卖每毛子七块，三个铜壳一块。若是小豆腐干，则每桌九十二块，每毛十四块，三个铜壳两块。

---

① 《毛泽东农村调查文集》，人民出版社 1982 年版，第 287 页。

开豆腐店赚钱，主要还是拿豆腐渣畜猪子。因为每天普通只能销一桌豆腐，特别情况才能销两桌，每天只能赚毛半子到三毛子。畜猪子每年可畜两道'猪妈带子'，每道可出三四十元。"① 又如关于"禾头根下毛饭吃"的解释，"为什么禾头根下毛饭吃呢？譬如耕了二十担谷田的，量去了十一担多租，剩下八担多，去年过年和今年青黄不接毛饭吃时借过地主谷子两三担，加上加五利，又要还去三担多至四担多，打禾了，要买好东西招扶地主。禾打过了，买上一点油盐，春上一点米子，立秋刚到，一切都完。这就叫做'禾头根下毛饭吃'"。② 从一点上说明了寻乌地主剥削的状况，揭露农民刚打下粮食交过租就没有饭吃的困境，可谓细致入微，形象生动，具有很强的说服力，自然能够确保调查结果的可靠性。

2. 既重突击，更重常态。毛泽东在长期领导中国革命和建设中，调查成为他的一门重要功课，一种生活习惯。每到一个地方除了开展有目的、有重点的集中时间、集中精力的突击调查，工作再忙也得抽空调查，走到哪里调查就延伸到那里。《寻乌调查》的目的，就是毛泽东为了弄清楚我国当时的富农状况和商业状况。寻乌调查是1930年5月4日至寻乌时做的，是陂头会议（2月7日四军前委与赣西特委的联席会议）之后，汀州会议（6月四军前委与闽西特委的联席会议）之前，关于中国的富农问题我还没有全般了解的时候，同时我对于商业状况是完全的门外汉，因此下大力来做这个调查。对于为什么选择寻乌县，毛泽东说是为了

---

① 《毛泽东农村调查文集》，人民出版社1982年版，第126页。
② 《毛泽东文集》第1卷，人民出版社1993年版，第204页。

"解剖麻雀"。

由此可见,从开始寻乌调查到持续进行调查,直至撰写完成《寻乌调查》一文,毛泽东都是有目的、有计划、有重点、有步骤的。尽管如此,他还是觉得不十分满足,在《寻乌调查》中写道:"这个调查有个大缺点,就是没有分析中农、雇农与流氓。还有在'旧有土地分配'上面,没有把富农、中农、贫农的土地分开来讲。"① 这充分说明毛泽东对待调查研究永无止境的科学态度。其实,毛泽东的这次调查也没有结束,过去近3年时间后,到1933年11月下旬,他率中央工农民主政府检查团第五次来到兴国,11月19日晚上8时,在长冈列宁小学的教室里,他与长冈乡8名干部举行了一个小型调查会,随后又走村串户,在对兴国长冈乡充分调查的基础上,于1933年12月15日再次写出了著名的《长冈乡调查》。

从毛泽东的调查实践来看,进行决策前既要围绕主题开展突击调查,更要保持常态进行"无主题"调查。这种虽无主题的调查,却能获得意外的收获。因为平时调查、早期调查所获得、积累的真材实料,往往能够成为突击调查、后期运用的有益补充,不少平时并不十分在意的普通细节,即可成为后续决策的重要依据。

3. 既重明查,更重暗访。每次进行调查,总希望得到全面真实的情况。然而,有些情况特别是"负面"情况,明察是难以获得的。在特殊时期、特殊环境、特殊人群中,面对调查人特别是领导者,面对参加调查活动的众人,不少人有着"活思想",多摆

---

① 《毛泽东文集》第1卷,人民出版社1993年版,第119页。

成绩，少摆问题，多讲好话，少讲坏话，多栽花，少栽刺。只有少数人，对于涉及自身利益的事，才会斗胆揭伤疤，不怕得罪人。因此，这样的调查，是难以达到最佳效果的。调查的目的，是带着问题去寻找解决问题的办法。毛泽东有一个著名观点："调查就是解决问题。"① 一方面，解决问题必须要进行社会调查。也就是说我们相应政策和策略的制定，一定要建立在认真调查研究的基础之上，切忌"拍脑袋"工程。另一方面，社会调查必须要了解到社会真实问题，才能采取具有强烈针对性的政策策略，有的放矢地解决问题。这就要求调查者必须有清晰的问题意识，带着问题深入基层，力求全面掌握真材实料，特别需要能够反映出问题的"负面"情况。

调查中要尽可能多地获取真材实料，特别是"负面"情况，最有效的办法是暗访。从某种意义上说，在没有外界因素影响，而是通过平时观察或与人闲聊，或者在听人议论的暗访中得到的情况，往往比及明查得到的情况更加真实，更加具有实用价值。毛泽东为了获得真材实料的第一手资料，特别是"负面"真实情况，或以"三顾茅庐"的诚心去拜访、询问相关人员，或有意参与老百姓的劳动和活动，在共同接触过程中获得意外收获。如他有一次帮助农民插秧，通过闲谈聊天，倒是获得了不少会议上得不到的情况。

4. 既重工作艺术，更重研究方法。去伪存真就是要尽量事无巨细，尽量掌握更多的实际材料，而非生搬硬套，必须要讲究调查研究的艺术和方法。调查研究首先要选择具有代表性、典型性

---

① 《毛泽东选集》第 1 卷，人民出版社 1991 年版，第 110—111 页。

的调查对象。毛泽东指出："寻乌这个县，介在闽粤赣三省的交界，明了了这个县的情况，三省交界各县的情况大概相差不远。"① 正是出于这样的考虑，毛泽东选择寻乌作为调查研究的地点。在作兴国调查时，为什么找兴国第十区永丰区的8个农民开调查会呢？毛泽东在《兴国调查》的前言中指出："永丰区位于兴国、赣县、万安三县的交界，明白了这一区，赣、万二县也就相差不远，整个赣南土地斗争的情况也都相差不远。"②

在作寻乌调查时，对于非农民是否分田，毛泽东做了详细的说明："流氓在县城方面，略有耕种能力的准许分田，毫无耕种能力的不分；在县城以外各区，因流氓人数少，一概分田。工、商、学无可靠收入的准许分田，县城及大市镇有可靠收入的不分，不足的酌量补足一部分。红军士兵和革命职业者，不但分田，而且苏维埃动员农民替他们耕种。地主在乡居住的准许分田。僧尼、道士、传教士要改变职业，即不做僧尼、道士、传教士了，方许分田，否则不分。算命及地理先生无规定，因为很少，大概都是分田的。"③

调查研究还要善于运用正确的方式方法。毛泽东指出："开调查会，是最简单易行又最忠实可靠的方法，我用这个方法得了很大的益处，这是比较什么大学还要高明的学校。"④ 毛泽东第一次懂得中国监狱全部腐败情形的，是在湖南衡山县做调查时那个县的一个小狱吏提供的。在《反对本本主义》中详细论述了包括要

---

① 《毛泽东农村调查文集》，人民出版社1982年版，第42页。
② 《毛泽东农村调查文集》，人民出版社1982年版，第182页。
③ 《毛泽东农村调查文集》，人民出版社1982年版，第150页。
④ 《毛泽东农村调查文集》，人民出版社1982年版，第16页。

开调查会作讨论式的调查、调查会到些什么人、开调查会人多的好还是人少的好、要定调查纲目、要亲身出马、要深入、要自己做记录七个方面调查的技术和方法。在《〈农村调查〉的序言和跋》一文中,毛泽东指出:"开调查会每次人不必多,三五个七八个人即够。必须给予时间,必须有调查纲目,还必须自己口问手写,并同到会人展开讨论。"[①] 同时,他还采取各种方法广泛走访群众,同老百姓谈心谈话,获取各种信息。

在条件艰苦的革命战争年代,毛泽东就已注重调查研究的艺术和方法,新形势下,进行调查研究同样要提升调研艺术,既要坚持和完善走访、蹲点、座谈等传统调研方法,广泛听取不同层次、不同部门、不同行业干部群众的意见与建议;又要科学运用互联网、大数据等现代调研方法,利用科学技术搜集更全面更广泛的信息,不断提高调研的效率和科学性。

---

① 《毛泽东农村调查文集》,人民出版社1982年版,第16页。

第三章　中央苏区老一辈革命家调查研究的故事

深入实际调查研究，是我们党的基本工作方法，也是我们党的优良传统和作风。毛泽东曾指出："认识世界，不是一件容易的事。马克思、恩格斯努力终生，作了许多调查研究工作，才完成了科学的共产主义。"① 为此，他反复强调：像我们这样一个大政党，对于国内和国际的政治、军事、经济、文化的任何一方面都要研究，都要做系统的由历史到现状的调查研究。他是这样说的，也是这样做的。以毛泽东为主要代表的中国共产党人在中央苏区，做了大量的详细调查，为我们学习老一辈革命家的调查研究风范提供了重要的历史遵循。鉴往而知来，温故而知新。学习老一辈革命家的调查研究方法，对于广大党员特别是领导干部，培育调查研究之风，深入实际搞好调查研究，把党和人民事业不断推向前进，具有重要的现实意义。

一、毛泽东"下马看花"搞调查②

1930年5月初，红四军从会昌来到赣粤闽三省交界的寻乌

---

① 《毛泽东文集》第2卷，人民出版社1993年版，第378页。
② 中共赣州市委宣传部、中共赣州市委党史工作办公室：《永恒的初心——赣南苏区红色故事》，中共党史出版社2018年版，第58页。

县，会同寻乌地方武装一举攻克了寻乌县城。此时，随着革命形势的好转，党内存在的"左"倾错误思想和"左"倾政策又有了新的抬头。在农村，实行地主"不分田"、富农"分坏田"的政策；在城市，对中、小商人实行没收，弄得一些地方做生意的商人忧心忡忡，商店、圩场关闭。为了纠正"左"的错误，指导土地革命，毛泽东在寻乌马蹄岗开了十多天调查会，作了大量社会经济调查。

毛泽东在寻乌做了几天调查后，在马蹄河畔召开了一次宣传员会议。参加会议的有从红军战士中抽调的30人和从县委抽调的6人，共36人组成的宣传员，以及朱德、陈毅和古柏。毛泽东头一句话就问："同志们，你们来寻乌作过调查没有？"大家回答："调查了！"毛泽东说："请你们讲一讲，寻乌做生意的人中间，哪一类最多？"这一下，就把大家问住了。

停顿了片刻，有人根据自己观察到的寻乌县城人最爱吃豆腐、喝水酒的习俗，试着回答："大概是做豆腐、酿水酒的多吧。"毛泽东笑笑说："做豆腐、酿水酒的多，答对了，那么我再问问，寻乌有多少家豆腐店，哪家豆腐做得最好，最容易卖掉？"这一问，又把这位同志难住了。在场的干部和士兵，也都答不上来。

全场一片寂静，士兵们都不由自主地低下了头。毛泽东满怀深情给现场的士兵讲了一个典故："唐朝有个诗人叫孟郊，年轻时隐嵩山，过着清贫闲淡的生活，在他母亲的鼓励下，他多次进京赶考没有考中，直到46岁时才考取进士，喜悦之余，他写了一首诗，后两句是'春风得意马蹄疾，一日看尽长安花'。同志们，你们想想，骑在马上，还快速奔跑。要是换作你们，能看到什么？"

一个士兵举手答道："首长，看到的是长安的美丽景色。"

毛泽东说道："对，这种观花形式，就只能看到花鲜艳的一面，看的是一种百花争艳的风景。但是能看出长安街上有多少种花、有多少朵花、花瓣是什么结构吗？"

众人齐声应答："不能。"

毛泽东笑了笑，说道："这就对了。骑在马上没有办法解决上面的问题的。这就是走马观花的典故。"

毛泽东停顿了一下，接着说："调查有两种方法，一种是走马观花，另一种是下马看花。你们现在的调查，就是走马观花。走马观花不要吗？要的。就像这次调查，前两天，我就是走马观花，对寻乌城知道了个大概。这种方法是让我下决心调查的前提，让我感觉寻乌这个县城，在区位中的代表性、典型性。"

士兵们聚精会神地看着毛泽东，听得津津有味。这时，毛泽东话锋一转，说："但是，在调查研究中，仅有走马观花是不行的，更要下马观花，走马观花看到的只是事物的表面，而下马观花才能看事物内部、事物的本质。刚才那个同志说，大概是磨豆腐、酿水酒的居多，我们的调查是不能用'大概'来敷衍的，要靠事实说话，数字说话。"

全场响起了热烈的掌声。

这时，毛泽东表情严肃起来，继续说道："一切结论产生于调查情况的末尾，而不是在它的先头。只有蠢人，才是他一个人，或者邀集一堆人，不作调查，而只是冥思苦索地'想办法'、'打主意'。须知这是一定不能想出什么好办法，打出什么好主意的。换一句话说，他一定要产生错办法和错主意。所以，我们的方法是：既要走马观花，更要下马看花。"

毛泽东讲完了调查的方法，接着向在场的士兵讲调查的技术。

他说，搞调查研究要注重召开调查会，这个调查会应该是讨论式的调查，因为这样，才能有意见碰撞，提供的问题才能更加准确；要解决好谁来参加调查会、需要多少人才合适的问题；要在前一天做好调查纲目，这样，才有针对性，而不是乱问一通；要深入，不懂之处，要不耻下问，耐心细致地了解每一件事、分析每一个数据。最后还要亲自做记录，你的印象才深刻，不亲自做记录，那么可能你每次问别人的问题就会重复。

"所以，同志们呀，要迈开你们的两脚，到你的工作范围的各部分地方去走走，学个孔夫子的'每事问'，任凭什么才力小也能解决问题，因为你未出门时脑子是空的，归来时脑子已经不是空的了，已经载来了解决问题的各种必要材料，问题就是这样子解决了。"

这次调查，毛泽东作了十几万字的调查笔记，掌握了大量第一手资料，为制定正确的土地革命路线提供了实际依据，弄清了城市商业状况，证明当时制定的在城市中"保护中小商人"的政策是符合实际的，同时也明确了城市和乡村的关系，为深化"农村包围城市"理论提供了重要支撑。之后，毛泽东又在寻乌集合各界代表继续作深入调查，最后完成了寻乌调查，并在此基础上写成了《反对本本主义》这篇著作。

二、毛泽东兴国调查掌握"农村的基础概念"①

1930年10月，红一方面军从湖南回师江西。打下吉安城后，部队在新余一带活动，为第一次反"围剿"做准备。这时兴国送来

---

① 中共赣州市委宣传部、中共赣州市委党史工作办公室：《永恒的初心——赣南苏区红色故事》，中共党史出版社2018年版，第60页。

了许多农民参加红军。毛泽东趁此机会找了兴国县永丰区红军预备队的8位同志,开了一个星期的调查会,作了著名的"兴国调查"。

那天早饭后,总前委传令兵按照毛泽东总政委的指示来到营房,找兴国红军预备队的傅济庭、温奉章、李昌英、陈侦山、钟得伍、黄大春、陈北平、雷汉香8名营连级干部,到红军总部座谈,开展调查研究。毛泽东逐一问过他们的年龄、姓名、职务、家庭成分及家庭人口,继而又问:"你们的队伍是怎么组织的?"……头两天的谈话,就像拉家常,有问有答,轻松愉快,这些农民的顾虑心理慢慢消除了。

第三天,毛泽东又通知他们8人来红军总部开座谈会。毛泽东首先说明了这次调查会的目的意义,提出了调查提纲,叫大家好好想想,逐个回答。温奉章痛诉家史说,革命爆发前,他家租佃了地主刘花让八石谷"退脚田",父亲交了押金。可父亲一死,刘花让就认为死无对证,硬要他家每年除按收成交租外,还须另付二担半干谷作押金,交不起的部分又要外加利息。他说着说着,还哼起了兴国山歌:"农民头上三把刀,租重税恶利钱高。剥了皮来又刮肉,骨头熬出四两膏!"

毛泽东听后,深沉地说:"穷人受剥削这种不合理的现象,只有靠革命来解决。"接着,他又对温奉章等8个家庭在土地革命前后的经济状况、政治地位、人口劳力变化情形作了深入调查。

陈侦山汇报时作了个前后比较:革命前,农民不仅要交租欠债,还常被地主逼得背井离乡、外出打短工维持生计。革命后,农民分了田,分了住房、池塘、山场、耕牛和农具,穷人娶亲不再花钱,共获得10余项利益。因而,翻身农民都乐意当红军保卫胜利果实。他家共有7口人,三兄弟都当了红军,三个媳妇都参加了妇女赤卫队。

....

　　毛泽东通过对兴国8个家庭的调查,剖析了农村社会各阶级,了解了各阶级各阶层在土地斗争中的思想倾向和实际表现,进一步明确了依靠、团结、孤立、打击的对象,为各级苏维埃制定和执行政策找到了可靠依据,引导了土地革命朝正确方向深入发展,同时,也检查了土地斗争的政策,为发现和纠正土地斗争中的一些错误提供了现实依据。毛泽东在《兴国调查》序言中说:"做了八个家庭的调查,这是我从来没有做过的,其实没有这种调查,就没有农村的基础概念。"①

　　因获悉蒋介石正在调集兵马对中央苏区进行"围剿",部队要作战略转移,调查会开了一个星期就结束了。温奉章因为患上脚疾,被获准告假回家休息,随总部一起走。走到离峡江县城30华里的水边,温奉章的脚肿得十分厉害,不能走路了。恰好被毛泽东发现,毛泽东就叫勤务员从附近村子找来一个推独轮车的老乡,并且付了600个铜板作力资,雇聘他推着温奉章回兴国老家。

　　温奉章坐在车上,心里涌起一股暖流,眼泪滴滴落下。推车人大惑不解,这是怎么回事?温奉章指着远去的高个子红军说:"你不晓得,刚才给你付钱的那位首长,就是我们穷人的救星毛泽东。"推车人一听,大吃一惊说:"老哥,你若早告诉我就好,如果我晓得他就是毛委员,这力资钱无论如何我也不能收。"温奉章说:"这钱他是肯定要给的,红军有纪律,毛总政委爱护我们老百

---

① 《毛泽东文集》第1卷,人民出版社1993年版,第255页。

姓，体贴我们穷苦人，在罗坊出发时，还给我们每个新兵发了一双新鞋、一床新被单呢。"推车人听着温奉章的叙说，频频点头，连连称赞："毛总政委，真是穷苦工农的贴心人呀！"

三、毛泽东三进才溪搞调查①

毛泽东向来注重调查研究，认为只有在了解中国国情的基础上，才能获得改造中国的正确路径。在创建和发展闽西革命根据地的实践中，毛泽东每到一地，都要开展调查研究，查阅地方志书，了解当地历史，阅读有关报刊，掌握革命形势。而开调查会，则始终是毛泽东了解实际情况、制定正确革命策略最简单最重要最有效的方法。

1930年6月和1932年6月，毛泽东曾两次深入上杭县才溪乡搞调查、指导工作。1933年11月，毛泽东第三次深入上杭县才溪乡，调查了解才溪乡在扩大红军、政权建设和经济文化建设等方面的模范事迹，以便总结典型经验，指导全局工作，同时为即将在瑞金召开的二苏大会作充分准备。

毛泽东这次来到才溪乡的当晚，就在驻地列宁小学开始了调查工作。他怀着满腔热情，以甘当小学生的态度，找来区乡苏维埃干部、工人、贫农代表，根据事先列出的提纲，口问手记，平易近人地与代表们展开热烈讨论。毛泽东在调查中鼓励大家：干革命要坚决勇敢，不怕牺牲；要搞好物资交流，粉碎敌人的经济封锁；要搞好生产，保证群众吃饱穿暖；要努力建设根据地，保

---

① 主要来源于《闽西红色故事100篇连载之54》，http：//www.tjzzb.gov.cn/dsbl/202008/t20200817_76072.html.

卫苏维埃政权。毛泽东还热情劝勉乡苏干部深入群众、和群众打成一片，要求大家帮助群众解决困难，对于群众的劳动问题、生活问题、疾病问题等，都要悉心帮助解决。

调查期间，毛泽东还走村串户，深入田间地头。有一次，毛泽东看到群众在劈柴，就主动走上前去帮助劈柴，一边劈柴，一边搞调查：一担柴能卖多少钱？可以换多少米、盐、布？砍完柴后是不是栽回去？毛泽东还以发展的眼光劝告大家，砍柴也要有计划，今年砍这块，明年砍那块，要边砍边栽，还要尽可能节约烧柴。

经过10多天的调查，毛泽东掌握了大量素材，充分肯定了才溪乡是苏区的模范，工作做得好，要保持下去，不要骄傲。在调查研究的基础上，毛泽东写下了《才溪乡调查》，全面总结了才溪乡的先进经验，称赞才溪乡在成年青年男子成群的出来当红军做工作后，生产超过了以前百分之十，荒山开尽，没有一片可耕的土地没有种植，群众生活的改善到百分之百以上。毛泽东由此得出结论，"只有经济建设配合了政治动员，才能造成扩大红军的更高的热潮，推动广大群众上前线去。"① 还郑重指出："这一铁的事实，给了我们一个有力的武器，去粉碎一切机会主义者的瞎说，如像说国内战争中经济建设是不可能的，如像说苏区群众生活没有改良，如像说群众不愿意当红军，或者说扩大红军便没有人生产了。"②

1934年初召开二苏大会，毛泽东将《长冈乡调查》和《才溪

---

① 《毛泽东文集》第1卷，人民出版社1993年版，第339页。
② 《毛泽东文集》第1卷，人民出版社1993年版，第340页。

乡调查》两本小册子分发给每个代表，并号召全苏区干部都要向长冈乡和才溪乡学习，搞好根据地建设，发展革命战争，夺取全国胜利。

四、周恩来深入调查编创《戒酒歌》①

1932年春天，时任中共苏区中央局书记的周恩来深入县乡进行社会调查。一天，在闽赣边界举行的群众演唱会上，一首客家山歌引起了他的注意。这首叫《喝酒歌》的山歌唱道："高山顶上一根绳，女不酿酒莫嫁人，积得糙米三五斗，酿造浓酒七八瓶；高山顶上一棵松，男不喝酒非英雄，喝一二碗不算会，三瓶五瓶不醉翁；高山顶上一头牛，郎喝米酒妹掌壶，妹愿陪郎醉到晚，郎愿陪酒到仙湖。"

周恩来听到歌曲后，想起在调查过程中多次目睹群众聚会酗酒的情形，不禁陷入沉思。眼下反"围剿"形势严峻，大家都千方百计节省每一个铜板、每一斤口粮支援前线，这种酗酒习气势必对苏区斗争造成严重影响。特别是个别干部，常因酗酒在群众中造成不良影响。随同调查的一位苏区干部看出了周恩来的担忧，于是向周恩来建议苏区政府立法禁酒，或下达戒酒行政命令。周恩来摇摇头说："喝酒不犯法，凭行政命令压制，行不通。还是应该干部带头，开展群众性的宣传活动。"

回到瑞金后，周恩来专门就此事找毛泽东商量。他们一致认为，刹住酗酒风十分重要，但必须通过宣传工作因势利导加以解

---

① 大江网（中国江西网）之〔党史故事〕《〈戒酒歌〉是这样写成——毛泽东、周恩来苏区狠刹酗酒风》；刘良：周恩来与《戒酒歌》，《文史博览》2000年第4期。

决。既然当地流传的《喝酒歌》是劝人喝酒的,就不妨编一首《戒酒歌》,让大家都知道酗酒的害处,以此劝群众戒酒。于是,在毛泽东的建议下,周恩来找来当时担任中共长汀县委书记的李坚真,要这位著名的苏区山歌手一起编创一首关于戒酒的歌。经过几个晚上的挑灯夜战,终于编创出了《戒酒歌》:劝郎哥,认真听,酗酒不是好事情。酒性烈,不可贪,害人害己伤性命;劝郎哥,要留心,眷恋酒碗尽丢人。立大志,作好汉,莫作酒鬼留罪名。劝郎哥,听分明,贪杯有碍事业兴。肯悔过,有法救,红军纪律最严明。劝郎哥,下决心,严重局面要认清。倡勤俭,戒奢侈,明朝迎接世太平。

李坚真用兴国山歌的曲调试唱后,便专门组织了一支妇女突击队,分头到瑞金各地教唱。由于《戒酒歌》歌词好懂易记,又采用了客家山歌的曲调,很快就在中央苏区流传开来,影响所及,酗酒之风逐渐减少。苏区报刊评论说:"通俗易懂、朗朗上口、富有山歌风味的《戒酒歌》,一传十,十传百,唱响了千家万户,震动了干部群众,咱们苏区内的聚众酗酒现象,已成为老鼠过街,人人喊打,不再敢出头露面了。"

五、刘少奇不偏信"一面之词"[①]

1932年冬,刘少奇离开上海进入中央苏区,先后担任全总苏区中央执行局委员长、中共福建省委书记、中华苏维埃共和国中央执行委员会委员等职。在中央苏区的近两年时间里,刘少奇十分注重通过调查研究推动工作。

---

① 曹春荣:《刘少奇在瑞金的故事》,《世纪风采》2019年第6期。

位于瑞金冈面乡竹园村的中央红军兵工厂，是由在第五次反"围剿"初期陆续从兴国、于都等地迁入的官田兵工厂、寨上杂械厂、银坑弹药厂等合并而成的。全厂六七百职工中，有来自江西、福建、广东，乃至上海、沈阳等地的人。有的是自愿当红军的，有的是被俘后经过思想教育自愿留下来的国民党军人，有的是经各地党组织动员或派遣来的。由于乡土意识、生活习惯、思想觉悟等差异而产生的不团结现象时有发生，有时还因此影响生产。

有一回，江西、福建和广东的工人之间闹矛盾，先是江西、福建籍工人看不惯广东籍工人摆技术资格、瞧不起人的样子；广东籍工人则感到江西、福建籍工人地域相连、情意相投，有意合伙欺生。后来又因为一方爱吃辣椒，一方不喜欢吃辣椒，都要求厂部管理伙食的事务长改换为本籍人士。这些情况被刘少奇知道后，就找来全总苏区中央执行局国家企业部部长马文，要他去厂里调查处理此事。

马文此前在中央苏区红军兵工厂做过团委书记，还在该厂前身之一的官田兵工厂做过职工委员会委员长，所以他对此行信心满满。说走就走，马文骑着一匹马迤逦而行，当天就到了冈面。厂里的技术能手李异凡是马文的广东同乡，彼此早就熟悉，马文便顺理成章地在李异凡家里落脚吃住。经过一个多星期的调查、调解，马文觉得问题解决了，便返回全总苏区中央执行局向刘少奇汇报处理经过。马文满以为刘少奇会认可他的处理结果。没有想到，刘少奇问他：你到厂里住在什么人家里？在哪里吃饭？马文如实回答后，刘少奇当即严肃指出：看来你得到的意见都是广东同志说的，这不能从根本上解决问题。刘少奇让马文休息三天之后，再回到厂里去，重新调查处理。接着他耐心对马文交代了工作的方式方法和应该注意的事项。马文从中明白了一个道理：不能只听一面之词，"兼听则明"，只有沉下心去，才能全面调查了解到真实情况，才能真正解决问题。

马文虽然感到重返厂里有些难为情，但还是积极按刘少奇的要求调查处理此事。到厂里一了解，处理结果果然像刘少奇分析的一样：广东工人都很高兴，而江西、福建工人都不满意。马文按照刘少奇的交代，重新全面听取了江西、福建工人的意见，对问题做了新的判断、作了重新处理。这样一来，三方面工人都满意了，问题也就彻底解决了。

六、邓小平：得人心者得天下[①]

1931年8月，邓小平奉命来到瑞金任县委书记后，经常深入乡村，了解群众生活。他常穿着一套粗布灰色中山装，足蹬一双布鞋或草鞋，普普通通，给人一种和蔼可亲的感觉。在那些艰苦的日子里，他住过祠堂、庙宇，大多数时间住在群众家里。他喜欢和群众在一起，哪里有问题就搬到哪里去办公。他吃饭时喜欢蹲在板凳上和群众围在一起吃，吃红薯从来不剥皮，还风趣地对群众说："红薯皮营养高，吃了不怕风吹浪打，丢了太可惜。"

邓小平还喜欢当地群众流传的一句话："当官不为民作主，不如回家种红薯"。他也常常用这样的话来教育干部，要了解群众的

[①] 中共赣州市委宣传部、中共赣州市委党史工作办公室：《永恒的初心——赣南苏区红色故事》，中共党史出版社2018年版，第52页。

意愿，切实为群众解决困难。

有一次，他到叶坪乡黄埠头村调查，得知贫农黄木生家六口人，上有两老，下有两小。但在分田时只分得三亩五分黄土岗田，土质瘦又无水源。看着别人田里收割稻谷，他的田里种红薯也尽长根不结果，忙碌一年，到头来收成甚微，生活十分困难。黄木生是个远近闻名的"老实人"，只知道起早贪黑地干活，自家收成少，也只怨自己工夫没到家，怨自己命苦。

后来调查了解到，原来主持黄埠头村分田的干部是一个欺软怕硬、爱占便宜的人，该村的地痞富农占着好田不松手，以多报少搞欺骗，干部自己得了一份好田，对群众就稀里糊涂乱划片了，群众意见很大。邓小平知道后，卷着行李到黄埠头村蹲了下来，他挨家挨户地访，一块田一块地看，问题弄清了，将那些不称职的干部一个个撤换了，重新组织贫农团对土地实行丈量，将田按肥瘦水源分为甲乙丙三类，然后以原耕为基础，按人口和劳力进行重新分配，肥瘦分均，多少拉平，并留出了部分好田作为红军公田。这样一来，问题很快解决了。憨厚的黄木生来到自己新分到的田里，抓起一把黑黝黝的泥土激动不已，他说："这回我才算真正翻身了。"

1931年11月7日，中华苏维埃共和国临时中央政府在瑞金成立了，干部群众无不欢欣鼓舞。这时，邓小平的脑子又转开了。他想，建都瑞金，住的吃的用的都要增加，这给原本就很薄弱的瑞金经济带来更大的困难，眼下必须借着这股东风，把喜庆当动力，将瑞金的生产建设搞上去。"一苏大会"一结束，他把县委县苏干部找来，很郑重地和大家商量："瑞金的地位提高了，担子也更重了。必须多想几条办法，打通几条路子发展瑞金经济，既要保证中央机关的生活需要,还要保障红军的供给,也不能让人民群众挨冻受饿。"

会议结束后,一个确保农业丰收、发展瑞金经济的运动在全县全面展开了。兴修石水、武阳水库的工程破土动工,壬田、桃阳、安治等区的水坝渠道修整也开始了,纸糟厂、纸烟厂、被服厂、硝盐厂相继开办,消费合作社、粮食合作社建立起来了,劳动互助队、妇女耕田队、积肥冲击队在劳动竞赛中干得热火朝天。

邓小平就是这样真心实意为群众谋利益,还经常与干部们推心置腹地说:要让群众信赖苏维埃政权,就要真正代表人民,"得人心者得天下"啊!

七、陈云创制合同标准范本①

1933年1月,陈云从上海来到中央苏区时,"一苏大会"通过的《劳动法》已施行一年多了。《劳动法》的施行,使苏区工人的生活有了改善,工人的积极性也有了提高。然而这一法令,在"左"倾路线的影响下,规定了反对无故解雇工人、改善劳动条件、增加工资等不符合苏区实际的条款,存在脱离中国国情和工商业实际、照搬照抄共产国际和苏联经验,不考虑城市乡村、大中小型企业之间的区别,不顾私营企业主实际负担能力等倾向,提出了许多脱离实际的过高的劳动条件、工资待遇和福利要求。

从执行一年多的情况来看,虽然根据这一法令订立了许多劳动合同,但大半都照抄《劳动法》,千篇一律,有些合同的条文,

---

① 李小三主编:《苏区干部好作风》,江西人民出版社2011年版,第93页。

连工人也感到难以实行。这就影响了合同的实际效用。在一定程度上成为苏区经济衰退、生产力下降、工商业凋零、部分工人失业的原因。

鉴于这些情况，陈云带着怎样订立合同这个问题，于1933年6月到长汀调查研究。当时号称"小上海"的汀州城，有一家卖糕饼、果子、粉条、香菇等南北土特产的京果店。他首先找到两位党员，深入了解和掌握京果业的营业和利润情况、所订的合同和执行情况、工人的意见和要求。通过一番调查研究，陈云掌握了第一手材料。

接着，陈云在京果业亲自主持召开了3次党支部会议。在第一次支部会上，他详细给党员解释"五一"代表大会关于纠正"左"倾错误的决议以及新修订的《劳动法》草案条文，以统一大家的认识。

在第二次党支部会议上，由党员报告各商店上半年签订合同的执行情况，鼓励与会党员对工资待遇、工作时间、星期日休息、例假、社会保险等问题提出具体要求。在此基础上，在陈云的主持下，通过集思广益，初步拟定了新的合同条文，再由党员带着这些条文到工人中征求意见。

在第三次支部会上，陈云根据支部提出的意见，集纳工人群众的要求，进一步丰富、完善了合同条文，形成征求意见稿，由党员再次分头深入工人群众征求意见，然后经过京果业工会支部全体大会讨论最后通过了合同文本。就这样，经过自上而下、自下而上反复讨论、征求意见，汀州京果业终于订立了一个符合苏区实际、具有可操作性的合同。

1933年7月2日，陈云撰写了《怎样订立劳动合同》一文，在中共中央机关刊物《斗争》第18期发表，他在文章中详细介绍了汀州京果业订立新的劳动合同的经过，还将这份合同全文推荐给各地作为样板参考，这份由陈云亲自到汀州调查研究、帮助京果业工人所订立的劳动合同，成为当时苏区合同的标准范本。

八、张闻天为修订《劳动法》深入基层调查①

张闻天1930年回国，1931年任中共中央宣传部部长，临时中央政治局委员、常委。进入中央苏区后，他发现《中华苏维埃共和国劳动法》虽然已在苏区实施，但这部法律是依照城市工人运动状况制定的，照搬到以农村为主的苏区，则明显偏离实际，执行效果很不理想。这令他坐卧不安。

有一次，张闻天深入赣东北苏区横峰县调查。在这次调查中，一些情况引起了他的高度注意。有位叫陈克思的雇农，与雇主签订了一份合同，合同规定每天劳动6小时，不挑40斤以上的东西，报酬由先前的8元上调到16元。还有位放牛娃，每天放牛4小时，报酬也从先前的4元增加到16元。这种大幅度缩短劳动时间，漫天要价的做法，使一些雇主承受不起。雇主农活忙不过来，又雇不起人，这就严重制约了生产发展。像这样不切实际的规定，在《劳动法》中还有很多，甚至连工人抽烟、穿鞋、理发、治病等费用，统统都要师傅负责。种种不切实际的规定，使师傅和老板不堪重负，有些店铺只得关门大吉。

张闻天认为不能一味追求不合实际的利益而忽视现实可行性，

---

① 《回望峥嵘读初心——发生在江西红土地上的100个经典革命故事》，江西教育出版社2018年版，第99页。

那样不利于发展苏区经济，不利于改善群众生活，不利于巩固苏维埃政权。为此，在深入调查研究、广泛搜集资料的基础上，他在《五一节与劳动法执行的检阅》（发表于1933年4月19日出版的《红色中华》）一文中呼吁："要求我们党与苏维埃政府用十分审慎的态度来解决。""使《劳动法》更能够适合目前的环境与需要。"

后来，临时中央政府根据张闻天的意见，对《劳动法》作了进一步修订，使之更符合苏区实际。

九、"苏区包公"何叔衡的"三件宝"①

何叔衡是中共一大代表，"苏区五老"之一，1931年11月进入中央苏区。当选为中华苏维埃共和国中央执行委员，先后担任临时中央政府工农检察人民委员、内务人民委员部代部长、临时最高法庭主席等职。

年过五旬、身兼多职、工作任务繁重的何叔衡坚持深入基层、深入群众。他认为："政权从建立的那一刻起就必须被监督。不等群众上访，就先下访。"他召集工作人员开会，发动大家分头下去摸底。而他自己则更是身体力行，经常带上干粮、下乡调查、走访群众。

在下基层调查研究时，何叔衡身上随时带着三件物品——布袋子、手电筒和记事簿，号称"三件宝"。手电筒是走夜路用的，布袋子是他自己设计、请人特制的，袋子中分成几个小袋子，叫

---

① 中共赣州市委宣传部、中共赣州市委党史工作办公室：《永恒的初心——赣南苏区红色故事》，中共党史出版社2018年版，第63页。

"袋中袋",每个小袋都有它特定的用场。记事簿上几乎无所不记,他说,人老了,脑子不管用,记在本子上忘不了。每次外出调查或查案,这"三件宝"就伴随他起早贪黑、走村串户。白天和群众在田间地头边干边谈,晚上召集基层干部和群众座谈,没几天工夫,就掌握了很多情况。回到瑞金,他的布袋子必定装得满满的,里面要么是各种证据,要么是各项工作材料。东西虽多,却条理清晰、杂而不乱。

在各路人马返回检察部对材料进行汇总整理时,他发现有相当一部分县、区政府单靠行政命令去解决问题,有的甚至吞没公款,多吃多占,贪污腐化。何叔衡认为,这些问题如不及时解决,将直接威胁到苏维埃政权。他随即将这些情况向毛泽东、项英等作了汇报,以期引起上层高度注意、使问题得到妥善解决。

1932年2月1日,中央人民委员会召开第八次常务会议。会上,何叔衡将了解到的情况作了全面汇报,并提议:中央政府要立即对那些对上级命令、国家法律疏忽懈怠的行为和一些贪污腐化分子给予严厉打击。这一建议得到与会者一致赞同。接着,人民委员会发布第五号命令。命令指出:"这些工作的检察,刻不容缓,各级必须坚决执行。各级政府应绝对执行这一工作,不得稍有玩忽和怠工。"

人民委员会的指令发出以后,何叔衡又带着他的"三件宝",率领人马深入到各地基层,进行检察、督促、落实。对那些初犯或情节不甚严重的,则尽力争取教育,对那些不称职的干部,则坚决撤职;而对贪污犯罪分子,则予以严厉打击。在调查中,何叔衡发现了谢步升的一系列罪行。中央工农检察部根据调查了解到的情况,对谢步升进行了突审和搜查,他的犯罪事实被一一揭露。苏维埃临时最高法庭对谢步升案件进行了公审判决。1932年5月9日,谢步升被执行枪决,由此打响了中央苏区惩治腐败分子第一枪。

就这样,何叔衡背着他的"三件宝"深入调查,厉行反腐,取得了卓越成效,沉重打击了贪污腐败分子,被广大群众誉为"苏区包公""何青天"。

十、陈潭秋深入调查征军粮①

陈潭秋是中国共产党的创始人之一,湖北黄冈县人,1933年进入中央苏区,担任中共福建省委书记。1934年1月出席"二苏大会",被选为中华苏维埃共和国中央人民委员会粮食人民委员(即粮食部长)。那时正值第五次反"围剿"战争关键时期,保证红军粮食供应的任务异常艰巨,作为粮食部长,陈潭秋深感责任重大。到职后,他非常注重深入群众,紧急动员群众参加春季筹粮突击运动。

当时,在"左"倾错误影响下,苏区的一些地方,出现了片面强调"一切为了前线"、忽视根据地人民群众生活的倾向。陈潭秋在调查中发现,有些地方搞"大人小人每人一升,大户小户每户一斗"的平均摊派、强征硬索。针对这种情况,他要求各区、乡征粮员要成为宣传员、服务员,要深入了解、掌握情况,要使群众理解勒紧裤带支援前线的意义,让相对富裕的群众主动积极

---

① 中共赣州市委宣传部、中共赣州市委党史工作办公室:《永恒的初心——赣南苏区红色故事》,中共党史出版社2018年版,第69页。

上交余粮，而对一些特别困难的群众家庭，则不仅不能向其摊派军粮，还要给予适当救助。他指出，征粮员征购军粮的根本途径在于发现隐瞒粮食、暗地里搞贩运的粮食大户。

刘长根是某村一个有名的痞子，红军到来之前，他常与当地土豪往来。苏维埃政权建立后，他在苏区干部面前要救济，却从不下田劳动，一天到晚喝得醉醺醺的。最近一段时间，他行为异常，好像得了什么病，整天将自己关在房子里，一早一晚就在自己的房前屋后或蹲或坐，从不离开。为了探明实情，陈潭秋从村里找了一个平时与刘长根要好的青年到他家了解情况，结果发现内屋的稻草里藏着许多谷子。陈潭秋得知情况后，立即组织了十几个干部群众闯进他家。刘长根见势不妙，先是威胁，接着耍赖。陈潭秋怒斥道："苏维埃政府要你做人，你不做，田分给你，你不种，老实交代，这些谷子是哪里来的？如果不老实，苏维埃政府决不饶你！"刘长根一下子瘫倒在地。原来，这是本村地主刘炳富、刘炳裕兄弟存放在他家的粮食，刘炳富、刘炳裕已与长汀古城某粮食贩子私下商定出售粮食。为了保险起见，刘氏两兄弟分批将粮食存放在刘长根家，而后由商贩派人到刘长根家偷运。刘炳富、刘炳裕还答应给刘长根十担谷子作报酬。

陈潭秋没有简单处理刘长根，而是对他进行了一番教育使其改正。后来，通过刘长根这条线索，掌握了刘炳富、刘炳裕分藏粮食的其他几个地方，有的藏在破庙里，有的埋在地下……陈潭秋先吩咐人将刘炳富、刘炳裕严加看管，然后组织了几十个青年干部分头去挑藏起来的粮食。

通过这个突破口，繁重的春季筹粮任务只用了一个半月就完成了。

十一、董必武"对革命负责、对同志负责"[①]

1934年春,中央工农检察委员会主席项英因为要到福建、江西巡视工作,将中央政府工农检察工作暂时委托给中共中央党务委员会书记董必武兼管。

董必武是中共一大代表,苏区军民对他非常尊敬,都尊称他为"董老"。董老除担任中共中央党务委员会书记外,还担任苏维埃最高法院院长。他对中央工农检察委员会的工作虽然只是暂时兼管,却同样要求严格,处理问题同样注重调查研究、力图做到慎重、稳妥。对群众的每一封来信,他都要亲自过目并批上意见派专人去调查处理。遇到比较重大的问题,他还常常亲自出马。他常说:"我们工农检察干部都是掌握无产阶级专政铁拳的人,铁拳打下去要有力,要打得准,要打到敌人的要害处,可千万不能打偏了,打偏了就会伤害自己人。"

当时,工农检察委员会在苏区各级党政军机关和工厂、农村、学校都设有控告箱。有一次,工作人员赖荣光从红军大学的控告箱里收到一封匿名信,控告中央办公厅采买员有贪污行为。赖荣光将这封信交给董老。董老看后,发现这封信写得很笼统,没有指明具体情况,便对赖荣光说:"你先把这一问题向中央政府秘书长谢觉哉汇报,然后将问题搞清楚。"赖荣光接受任务后,立即赶到中央办公厅。经过一番调查了解,发现被控告的采买员并无贪污行为,只是嘴巴有点馋,有时在伙房多吃一点好菜而已,在炊

[①] 傅克诚主编:《苏区干部好作风》,中国方正出版社2007年版,第101页。

事班对他提出批评意见后，已经改正了。

赖荣光将调查了解到的情况向董老作过汇报后，认为问题可以了结了。董老沉思片刻，对赖荣光说："既然这位采买员没有贪污行为，为什么会有人写信控告他？写信人是谁？他对采买员有什么意见？这些问题都搞清楚了吗？"这一连串的问题，一时把赖荣光给问住了。他赶紧返回中央办公厅，经过多方调查了解，并通过查对笔迹，最后终于找到了写匿名信的那位同志。原来，这位同志因为一件小事同采买员吵过架，又发现这位采买员平时多吃好菜，就认为他有贪污行为，于是对他写了控告信。

弄清了真实情况，董老直接找到写匿名控告信的那位同志，对他说："写控告信是允许的，但不能无根据地随意控告人，更不能用控告信来诬陷同志，有什么意见，可以当面指出、实事求是向上反映。只有这样，才能真正解决问题。"这位同志当即承认了自己的错误，并找到采买员当面赔礼道歉，从此，两人关系密切了。

事后，董老在全体检察干部会上表扬了赖荣光，并语重心长地对大家说："今后，每收到一封控告信，都要深入、细致进行调查、核实，把来龙去脉搞清楚，做到有始有终。作为苏维埃干部，就是要对革命负责、对同志负责。"

第四章　中央苏区调查研究经典文献节选

在中国共产党建立中央苏区过程中，毛泽东进行了多次社会调查。留下的系统资料有10余份，分别是：《寻乌调查》《反对本本主义》《兴国调查》《木口村调查》《赣西南土地分配情形》《分青和出租问题》《江西土地斗争中的错误》《分田后的富农问题》《长冈乡调查》《才溪乡调查》《仁风山及其附近》等等。其中，《寻乌调查》《兴国调查》《长冈乡调查》《才溪乡调查》的影响最为显著。寻乌调查、兴国调查发生在土地革命初期，旨在了解根据地土地革命斗争情况；"长冈乡调查""才溪乡调查"发生在土地革命深入开展时期，旨在了解苏维埃政权建设情况。

现将毛泽东在中央苏区所做调查研究的经典代表性文献节选如下，以供各级党员尤其是领导干部学习。

一、《寻乌调查》（节选）（1930年5月）

我做的调查以这次为最大规模。我过去做过湘潭、湘乡、衡山、醴陵、长沙、永新、宁冈七个有系统的调查，湖南那五个是大革命时代（一九二七年一月）做的，永新、宁冈两个是井冈山时代（一九二七年十一月）①做的。湖南五个放在我的爱人杨开慧手里，她被杀了，这五个调查大概是损失了。永新、宁冈两个，一九二九年一月红军离开井冈山时放在山上的一个朋友手里，蒋桂会攻井冈山时也损失了。失掉别的任何东西，我不着急，失掉这些调查（特别是衡山、永新两个），使我时常念及，永久也不会忘记。寻乌调查是一九三〇年五月四军到寻乌时做的，正是陂头会议（二月七日四军前委与赣西特委的联席会议）之后，汀州会议（六月四军前委与闽西特委的联席会议）之前，关于中国的富农问题我还没有全般了解的时候，同时我对于商业状况是完全的门外汉，因此下大力来做这个调查。在全部工作上帮助我组织这个调查的，是寻乌党的书记古柏同志（中学生，破产小地主，曾任小学教师、县革命委员会及县苏维埃主席，篁乡区人）。在材料上与我以大量供给的，是郭友梅（五十九岁，杂货店主，曾任县商会长，本城人）、范大明（五十一岁，贫农，县苏职员，城区人）、赵镜清（三十岁，中农，做过铸铁工，做过小商，陈炯明部下当过兵做到排长，现任县苏委员，双桥区人）、刘亮凡（二十七岁，县署钱粮兼征柜办事员，现任城郊乡苏维埃主席，城区人）四人，他们都是经常到调查会的。此外李大顺（二十八岁，贫农，曾任区苏委员）、刘茂哉（五十岁，老童生，开过赌场，做过小生意，原是小地主，降为贫民，曾任县革命委员会委员，现任区苏委员）两人，也供给了一部分材料，间或到我们的调查会。还有刘星五（四十六岁，农民，做过小生意，乡苏委员，城区人）、钟

---

① 宁冈调查，是毛泽东在1927年11月做的。永新调查，是毛泽东在1928年2月下旬做的。

步嬴（二十三岁，梅县师范生，区政府主席，石排下人）、陈倬云（三十九岁，自治研究所毕业，做过缝工，做过小生意，当过小学教师）、郭清如（六十二岁，秀才，赴过乡试，做过小学教师，城区人）四人，到过一二次调查会，稍微供给了一点材料。我们的调查会，就是我和以上十一个人开的，我做主席和记录。我们的会开了十多天，因为红军部队分在安远、寻乌、平远做发动群众的工作，故有时间给我们开调查会。

寻乌这个县，介在闽粤赣三省的交界，明了了这个县的情况，三省交界各县的情况大概相差不远。

这个调查有个大缺点，就是没有分析中农、雇农与流氓。还有在"旧有土地分配"上面，没有把富农、中农、贫农的土地分开来讲。

一、寻乌的政治区划

全县分为七区，七区之中包括四厢十二堡。

七区是：

城区：分东西南北四厢，为全县政治中心。

仁丰区①：即篁乡堡。公平圩、菖蒲圩（即篁乡圩）为本区两个政治中心，各设一个局。

双桥区：即双桥堡。内分十三段，以留车为政治中心。

南八区：分南桥、八富两堡，以牛斗光为政治中心。

兼三区：分项山、腰古、滋溪三堡，以吉潭为政治中心。

澄江区：分寻乌、大墩、桂岭三堡，以澄江圩为政治中心。

---

① 仁丰区，在1930年5月寻乌县苏维埃政府成立后，曾改称篁乡区。

三水区：分三标、水源两堡，以三标圩为政治中心。

明万历前寻乌还未设县，万历以后才设县。没有设县的时候，一部分属江西的安远县管辖，设置石溪堡，其地域是现在的澄江、三水、仁丰、县城等区；一部分属广东平远县管辖，其地域是现在的双桥、南八、兼三等区。

二、寻乌的交通

（一）水路

寻乌水从桂岭山盘古隘一带山地发源，经澄江、吉潭、石排下、车头、留车，流入龙川，下惠州，故寻乌水乃是东江的上游。船可通到澄江。沿河以澄江、吉潭、留车三个圩场为最大，吉潭在三个圩中更首屈一指。

另由石排下可以通船到城区之河岭（城南十里）。

（二）陆路

以石排下为中心，分为四条大路：一条经过吉潭（三十里）、澄江（六十里）、盘古隘，通筠门岭（一百一十里），为兴国、于都、会昌通广东的大路。一条经过县城（三十里）、三标（六十里）、太阳关，通安远城（一百四十里），为信丰、安远通梅县的大路。一条经过珠村、牛斗光（二十里）到平远之八尺（四十五里），为会昌、安远两方通梅县的大路，即会昌、安远两条路均到石排下集中，共同通梅县的大路。一条经过车头（二十里）、留车（三十五里）、荒塘肚（六十里）到兴宁之罗浮（九十五里）、罗冈（一百二十五里），往兴宁、五华，为寻乌下惠州的大路。

另有几条小些的路：……

从寻乌城出发，往门岭九十里，往武平一百八十里，往梅县二百四十里，往兴宁二百四十里，往安远一百一十里，往龙川三百一十里，往定南（经上坪、胡山、太平、鹅公圩）一百六十里。

（三）电报

过去电报局设在吉潭，民国十一年移到县城。电线由吉潭通寻乌城，通筠门岭，通平远。

（四）邮政

县城是三等邮局。一路走吉潭、澄江通门岭。一路走牛斗光通八尺，再由八尺通梅县；另由八尺分一路通平远。一路走三标通安远。……

（五）陆路交通器具

和广东一样，不论什么道路一概没有车子。陆路运输工具大多数是活人的肩胛，其次是骡马。……

三、寻乌的商业

（一）门岭到梅县的生意

从石城、瑞金来的，米和豆子为大宗，值几十万元。从兴国来的，茶油为大宗，米也有（少）。于都、会昌没有什么货来。

澄江圩每圩从门岭来的油约有四船（门岭肩挑到澄江下船），每船装油十二担，每担约值小洋三十元，每年以百圩计算，约值十五万元。

石城、瑞金的米到门岭，大部分经罗塘、下坝（武平属，在三省交界）、新铺（蕉岭属，离梅县三十里）往梅县，每天有约三百担过。……

（二）安远到梅县的生意

鸡：这一条路上的生意，大宗是鸡，次是牛，又次是猪。……

牛：每月逢一是"牛岗"。十一月最旺，每岗七八百头牛。……

猪：信丰来的最多，安远次之。……

（三）梅县到门岭的生意

大宗是洋货（牙粉、牙刷、电筒、胶底鞋、肥皂、洋伞、马灯、洋铁均大宗）。……

梅县与门岭不通车，货大部分是肩挑，盐通通用马子驮，只有用船载至澄江起岸。面粉之一部也用马子驮。

门岭去梅县，脚夫们一担货去，一担货回。

（四）梅县到安远、信丰的生意

货物种类与往门岭的同，但数量少于门岭，大概比例是门岭六成，安、信四成，因门岭货物销到瑞金、石城、于都、兴国等广大地方，安远、信丰地域较狭之故。

（五）惠州来货

只有盐一门是大宗。咸鱼、黄糖二样略有一点来寻乌卖。此外没有。

（六）寻乌的出口货

上面说的都是进口货或通过货，这里要说寻乌县对外出口货。

第一是米。梅县一带很缺乏米，价比寻乌贵一倍，寻乌每年要供给它很多。……

第二是茶。出于城区西厢之上、下坪，南厢之图合、冈上、鹅子湖一带。三、四、五、七、八月为采茶期。……

第三是纸。出于篁乡，向兴宁（走罗浮、罗冈）、梅县（走中坑，也有走岑峰的）、龙川（走贝岭）三地输出。平均每圩六十担，全年一百圩，六千担，每担价八元，共四万八千元。

第四是木。产地是城区的西厢（上、下坪）、南厢（鹅子湖），南八区的河角圩一带，篁乡区的香山、高头一带，三水区的肖木坑、寨塘坑，兼三区的罗福嶂。……每年约值万余元。二十年前出产较大。

木头出口是龙川客子出本钱，本地木商作辅助。……

第五是香菇。主要产地是三标和安远交界之大湖紫、小湖紫、寨塘坑、上下坝，城区和安远交界之上、下坪一带山地，其次是双桥区与平远交界之叶子崶。香菇每斤二元，每年约出一万元。……

第六是茶油。出在双桥的大同、斗晏、荒塘肚、蓝田、大田一带。年约一万五千斤，每百斤二十五元，共计三千七百五十元。……

（七）寻乌的重要市场

吉潭第一，盐、米、油、豆是大宗。牛斗光第二，盐、米略小于吉潭，油、豆与吉潭等。留车第三，布匹是最大宗，由兴宁进口；油、豆次之。县城第四，牛行要算第一门生意；第二是油、盐、米行；第三算是布匹……

（八）寻乌城

对于商业的内幕始终是门外汉的人，要决定对待商业资产阶级和争取城市贫民群众的策略，是非错不可的。非常明显，争取贫民一件事，一般同志不感觉它的重要，高级指导机关感觉它的重要了，却始终不能给同志们以行动上的具体策略，尤其是不能把具体工作方法指示出来。这不是由于不了解城市是什么东西才弄成这种现象吗？我是下决心要了解城市问题的一个人，总是没有让我了解这个问题的机会，就是找不到能充足地供给材料的人。这回到寻乌，因古柏同志的介绍，找到了郭友梅和范大明两位老先生。多谢两位先生的指点,使我像小学生发蒙一样开始懂得一点城市商业情况,真是不胜欢喜。倘能因此引起同志们(尤其是做农村运动和红军工作的同志们)研究城市问题的兴味,于研究农村问题之外还加以去研究城市问题,那更是有益的事了。我们研究城市问题也是和研究农村问题一样,要拚着精力把一个地方研究透彻,然后于研究别个地方,于明了一般情况,便都很容易了。倘若走马看花,如某同志所谓"到处只问一下子",那便是一辈子也不能了解问题的深处。这种研究方法是显然不对的。

....

盐:本城的一切货物,大都是销向城区的东西南北四厢和三水区的三标、水源两堡这个区域里的,别的地方很少到本城买东西。惟独盐是例外。盐的大部是销往安远、信丰,小部才销在城区、三标。又因为它是日用品,所以它是城里生意的第一大宗。城内有五家盐店,每家每年多的做得两万元生意,少的也做得六七千元生意,五家共合一年可做十万元生意。

....

杂货:大的上十家,连同小的共十六七家杂货店。志成(兴宁人)、纶泰兴(吉安人)、义泰兴(吉安人一、本地人一合股)、义成、潘月利、王润祥、潘登记、祥兴、永源金(以上六家均兴宁人)、均益(挑担子出身,本地人)、骆晋丰(本地人,杂货商人中只有他是个地主,收租三百担)、范顺昌(福建人)、黄裕丰(福建人)这十三家,就是大一点的杂货店。其中黄裕丰以黄烟、纸张为主要生意。其他都是以布匹为主要生意。次于布匹就是洋货生意。

....

油：油是本城第三门生意，从门岭、安远两方面来，销在城区及篁乡，三标也有点把子（点把子即一点子）。只一家油行，刘福兴，一百大洋领了一张"帖"，就算本钱。代客买卖，经过一担油收行佣两毛子。十一二月是顶大门生意，每个大圩（逢一为大圩）有一百担，两个月六百担；小圩（逢四、七）三几十担，两个月四百担。一月到十月很淡，每圩不过三几担，通共不过三百担。全年约一千三百担，抽行佣约二百六十元。……

豆：也只一个行，没有店，城隍庙公地上买卖。……

屠坊：只有三个案，摆在街边，没有屠店。……红军入城后，由三案增加到七八案，销路大增。税又不要，赚了一个就是一个，屠户人人欢喜。肉价，红军未来前每斤三毛二，现在每斤二毛八。

酒：陈贵和、高元利、元利栈、周裕昌、刘双盛、凌文盛、彭同孚这七家是较大的酒店，范广昌、邝洪盛、骆得利是小酒店。……

水货：水货店里的东西多得很呀，"山珍海错"就是它们的标语。水货商人的荣枯得失，亦是颇饶兴味的。

药材：本城就是百和堂、杨庆仁、新德生、田仁和、王普泰、黄裕兴、福春堂等七个药店。

黄烟：城里有两家制造黄烟的店子。一家叫黄裕丰，上杭人，在寻乌开店开了两代，先前有本三千元，兼卖纸张杂货，赚了万多块钱，拿回上杭买了田，现在本城店里还有本钱千多元。另一家叫做涌泉号，也是自己制黄烟，安远人，三五百元本，前年才开张。

裁缝：共有用机器的十三家，手工三家。

伞：彭万合、李祥仁两家造纸伞。洋伞有羽绸伞、洋布伞两种。……纸伞、洋布伞、羽绸伞的销行比例是：纸伞、洋布伞各百分之三十，羽绸伞百分之四十。

木器：从前只有一家，胡东林，赣州人，四五百元做生意，开了二十多年，制造各种木器出售，……

火店：有刘万利、合昌隆、刘鸿兴、温得利、潘发利、潘金利、汤日恒、同来安、曾记涛、九嫂子、大只四嫂子、古流芳、刘奀二（兼卖白酒）、古裕昌等十多家。……

豆腐：以不满三千人的寻乌城，却有豆腐店三十多家。寻乌城里吃饭十餐有九餐要吃豆腐。吃豆腐原因，一是价廉，二是方便。……

理发：全城理发店八家。……

打铁：三家打铁店，叶师父、杨师父、李师父。……

爆竹：一间爆竹店，钟老板，会昌人，几十块钱本，开了六七年。……

打首饰：寻乌的妇女们也和别的封建经济没有彻底破坏的地方一样，不论工农商贾，不论贫富，一律戴起头上和手上的装饰品，除大地主妇女有金首饰外，一概是银子的。……

打洋铁：一家，刘俊记，兴宁人。……

修钟表：也是一家，叶公昌，梅县人，除工具外，十把块本钱，专门修理钟表。……

圩场生意：寻乌城还是个店铺生意和圩场生意并行着的城子。以寻乌情形说，圩场生意代表半自然经济，店铺生意代表商品经济。店铺生意与圩场生意的比例是：店铺占百分之七十，圩场占百分之三十，可见商品经济势力超过自然经济很远了。

娼妓：二千七百人的小城市里，"老货"、"嫩货"有三四十家……

同善社：约当光绪二十七八年时，赣州一个绸缎店恒孚号的熊老板（南昌人）到寻乌来开办同善社……

人口成分和他们在政治上的地位：寻乌这个城，把它的人口成分剖解起来，才知它还完全是一个农业手工业城市。农民和小手工业者共占百分之七十一，所谓手工业者，包括各业手工工人和手工业主，商店的店员也算在内。所谓手工业，就是缝纫店、黄烟店、酒店、伞店、爆竹店、理发店、木器店、豆腐店、首饰店、洋铁店、修钟表店、屠坊店这一些。所谓宗教徒是耶稣教十人，天主教三人，斋公六人，和尚三人，共二十二人。本城纯粹地主十二家，共约七十八人。商人兼地主五家，算在商人里面。商人是指盐行、杂货布匹店、油行、豆行、水货店、药材店、火店等，共计一百三十五人。娼妓是三十余家，三十几个妓女，却养活一百六十二人。不工不农不商，专门靠赌博敲诈、为统治者当走狗吃饭的流氓，他们的人数竟超过商人一倍，和手工业者几乎同等。若把游民和娼妓合计，便等于商人和手工业者的合计，这表示失业群众之多是怎样的可惊。所谓政府机关一百人，是指新的县苏维埃、城区苏维埃两个机关（四十人），加上县苏赤卫队（六十人），不是指的旧政府。但是旧政府机关人数也是与新政府人数差不多的。说到这个群众中的领袖部分，即那旧社会的指导阶级，自然不是那总数占百分之八十七的农民、工人、游民和娼妓，他们是被统治者，统治者是那仅仅占人口百分之十三的地主、商人和耶稣教天主教传教士等。商人的商会虽没有多大权力，商人群众中却有几个人参加那统治全县的县政府。不过那几个人也不是完全代表商业资产阶级说话，他们是接受地主的领导，帮着做些事。这也是因为寻乌城商业不但是很小而且是逐年衰落的原故。

四、寻乌的旧有土地关系

（一）农村人口成分

大地主（收租五百石以上的）　　百分之零点零四五

中地主（收租五百石以下二百石以上的）百分之零点四

小地主（收租二百石以下的）　　百分之三

破落户　　　　　　　　　　　　百分之一

新发户　　　　　　　　　　　　百分之二

富农（有余钱剩米放债的）　　　百分之四

中农（够食不欠债的）　　百分之一十八点二五五

贫农（不够食欠债的）　　百分之七十

手工工人（各种工匠，船夫，专门脚夫）　百分之三

游民（无业的）　　　　　　　　　　　　百分之一

雇农（长工及专门做零工的）　百分之零点三

（二）旧有田地分配

公田　　百分之四十

地主　　百分之三十

农民　　百分之三十

（三）公共地主

A. 祖宗地主

寻乌公田多，成了各区普遍现象。各种公会多得很，祠堂里的公会如什么"公"什么"公"，差不多凡属死人，只要是有"后"的，而他的后又是有钱的，他的所谓后者必定从他们的家产中各家抽出一份替他立个公。这种凑份子立公的办法是什么姓都

普遍采用的。凑成的份子一概是田地，不用现钱。再则那什么公还在时，他自己就留出田产立起公来，这一种比前一种更多。公田一经成立，就年年收租。……总计祖宗方面的土地，占全部土地的百分之二十四，占全部公田的百分之六十。

B. 神道地主

神道地主即神、坛、社、庙、寺、观六种。"神"是指的各种各色的神，许多都有会，如赵公会、观音会、关爷会、大神会、真君会、婆太会、赖爷会、公王会、伯公会、文昌会等等，都是没有庙的。……总计神道方面（神、坛、社、庙、寺、观）的土地，占全部土地的百分之八，占全部公田的百分之二十。

C. 政治地主

又分二类，一是考棚、宾兴、孔庙、学租一类属于教育性质的，一是桥会、路会、粮会一类属于社会公益性质的。

……总计公益方面的土地，占全部土地的百分之四，占全部公田的百分之十。

（四）个人地主

A. 大地主

以上说了公共地主部分的土地，再说个人地主部分的土地。个人地主土地在全部土地中占百分之三十，比公共地主土地要少。个人地主土地中又以小地主（收租不满二百石的）土地占大多数，中地主（收租二百石以上但不满五百石的）土地次之，大地主（收租五百石以上的）土地最少。

全县共有八个头等大地主，如城区的刘土垣，篁乡区的罗含章，南八区的谢杰、邝文荣，双桥区的梅洪馨，兼三区的潘明征（绰号"屎缸伯公"），澄江区的林朝官、王菊圆，收租都在于石以上。……

寻乌千石以下五百石以上的大地主有十二个。……为什么要把他们逐一列出来？为的要研究这个阶级的政治作用，不列出来便没有充实的例证。

为的这个理由，我们还要把中地主列出来，只是小地主为数太多不便列举。地主阶级中为什么要分出中地主，因为中地主的政治作用不但和小地主大有分别，和大地主亦显然有分别。

B. 中地主

首先举城区。丘伟伍（西厢图合），收四百石，日本帝国大学皮革科毕业，在赣州贫民工厂做工程师半年，民国十一年回寻乌做教育局局长，进国民党，新寻派领袖之一，为新寻派计划，是个厉害的东西……

三水区：雷昌响（三标长排），三百石，是个"山老鼠"，无用。胡恩荣（三标圩），三百石，是个斋公，不问世事，专门要两个铜钱，在家里困觉。……此外，三水区还有中地主多人，记不清楚。

澄江区：蓝子乾，四百石，省立中学毕业，在澄江圩开蓝协泰杂货布匹店，反革命。谢嘉猷，三百石，高小毕业，四十多岁，做过十四军谢杰部下团长，寻乌团防总队长，改组派，把红军五十团第一营消灭的就是他，江西陆军学校毕业。凌希贤，三百石，中学毕业，新寻派，国民党员，澄江新圩开个店。

兼三区：陈玉横（吉潭），三百石，平远中学毕业，吉潭的土霸，新寻派主要人物……

篁乡区：李其琅（篁乡圩），三百石，赌博出身，儿子李含辉高小毕业，反动派重要分子。……

双桥区：黄庆云（黄田），二百石，不反动。罗守汉（黄沙），二百石，不反动。……

南八区：刘篁先（龙图），三百石，反革命，枪决了。……

以上全县七区，共有中地主一百一十三个。

C. 大中地主对于生产的态度

收租二百石以上的中等地主，收租五百石以上的大地主，他们对于生产的态度是完全坐视不理。他们既不亲自劳动，又不组织生产，完全以收租坐视为目的。……

D. 大中地主的政治思想

大中地主的生活，依寻乌状况分为三种情形：第一种是新的，即接受资本主义影响多的。……第二种是半新不旧的。他们赞成一点"新"，但随即就批评"新"的坏处。……大中地主阶级中新的占百分之十，半新的占百分之七十，全旧的占百分之二十。……第三种是完全封建思想封建生活的，他们的住地是在与河流及市场隔鸾的山僻地方。他们始终希望恢复科举。……

E. 小地主

小地主（二百石租不满的）数目更多，以地主全数为一百，则大地主（租五百石以上）占百分之一，中地主（租二百石以上的）占百分之十九，小地主占百分之八十。……但是小地主在地主阶级中是占着绝对大多数，而且显出下面的特点，即：（一）做小生意的多。……（二）特别表现小地主商业化的，还有他们派遣子弟进学堂一事。……这个阶级接受新文化的形势是比哪一个阶级要快要普及。他们在全般政治生活中是受中地主阶级统治的，即是说他们是没有权的。……

上面所说的小地主，不是说小地主的全部，只是说他们的一部分。……

普通所讲小地主，除上述老税户部分外，另有一个占地主全数百分之四十八的不小的阶层，那就是所谓"新发户子"。这一个阶层的来历，与从老税户破落下来的阶层恰好相反，是由农民力作致富升上来的，或由小商业致富来的。这个阶层是在一种"方新之气"的活动中。……

（五）富农

另有一种比较富裕的农民，在普通说法叫他们作自耕农或中农的，实际仍是一种富农。……因此可知，不但打倒半地主性的富农是没有疑义的，而且平富裕自耕农的田，废富裕自耕农的债，分富裕自耕农的谷，也是没有疑义的。必须这样才能争取广大的贫农群众。这是农村斗争的重要策略之一。只有富农路线的机会主义者，才会站在这个策略的反对方面。

（六）贫农

——贫农中的四个阶层——

什么叫做贫农？我们简单回答道：不够食的叫做贫农（不够食的原因是受剥削，那不待说）。但这是一个普通的说法。若从贫农里头再加剖解，便知贫农并不是一个经济地位完全相同的整一的阶级，他里头有四个不同的阶层。第一个是半自耕农。……这个阶层占农村全人口百分之十点五，在贫农全数中则占百分之十五。第二个是佃农中之较好的。……这个阶层占农村全人口百分之四十二，占贫农人口百分之六十，是农村中一个最大的群众。第三个是佃农中之更穷困的。他们同样无土地，……他们占农村全人口百分之十点五，占贫农全人口百分之十五，是一个与半自耕农相等数量的群众。第四个是佃农中之最穷的。他们除没有土地之外，还没有一点本钱，借米借盐是常事。他们又没有一点牛力……

（七）山林制度

寻乌的山地，多落在首先落脚的氏族手里，后到的氏族便没有山或少有山。……这种被姓界限制欲开发而无从的情形，到处都有。土地革命之后，这种姓界便消灭了。

（八）剥削状况

A. 地租剥削

1. 见面分割制

见面分割与量租，两种同是寻乌县的收租制度。……

2. 量租制

量租制是"早六番四"。平远是对分。为什么要"早六番四"呢？……

3. "禾头根下毛饭吃"

"禾头根下毛（没有）饭吃"，说的是刚打下禾交过租就没有饭吃了，这种情形寻乌简直占百分之四十。……

4. 批田

寻乌地主把批田与农民通通要写"赁字"，没有不写的。五年一小批，七年一大批，是全县普通的赁期。这是东佃间的"规矩"，也就是不成文的法律。……赁字只农民写交地主，地主不写交农民。

5. 批头、田信、田东饭

批头分"批头钱"、"批头鸡公"二者。……

6. 谷纳、钱纳

送租，全县说来百分之八十送谷子，百分之二十折钱。公堂、神会、庙宇、桥会的租，约有一半是交钱的……

7. 铁租、非铁租

非铁租占全县百分之八十，水旱天灾，面议减少，但每石租只减少一斗到二斗。……

8. "要衫裤着去捞"

许多的农民把租交过，把债还清，就没有饭吃了。……

9. 劳役

劳役制度全县都没有了。……

10. 土地买卖

据知事公署粮柜上当雇员的刘亮凡说，民国十四年全县把田出卖的有六百家（买田的不足六百家，因为有一家买几契田的），以全县三万家计（十二万人，每四人为一家），每五十家中有一家破产。……即是寻乌近年每年有百分之二的人家破产，有百分之五的人家半破产。

B. 高利剥削

1. 钱利

钱利三分起码，也是普通利，占百分之七十，加四利占百分之十，加五利占百分之二十。通通要抵押，有田地的拿田地抵押，无田地的拿房屋、拿牛猪、拿木梓抵押，都要在"借字"上写明。……

2. 谷利

谷利比钱利重得多，乃富农及殷实中小地主剥削贫农的一种最毒辣的方法。十二月、三月两个期间借的最多。……

3. 油利

油利是所有借贷关系中的最恶劣者。……

4. 卖奶子

上面第二节里所说十年拖欠的话是假设的，事实上债主很少准许农民一笔账拖到十年之久。……

5. 打会

打会的目的是互相扶助，不是剥削。……

C. 税捐剥削

1. 钱粮

（1）地丁　全县一千四百二十四两，每两还正税大洋三元，附税二角四分。……

（2）官租　篁乡全区，三标区一部分，城区也有一点，名曰"官田"。政府收官租不收地丁，共计九百四十多两……

（3）合计　地丁、官租二项，合计银二千三百六十余两，每两折三元二角四分大洋，也不过七千六百四十余元。由于沙冲水破，逃亡孤绝，贫苦拖欠几种原因，每年有两成收不到手，实际只能收六千一百十二元左右。

（4）苦甚　上述田赋数量，每年不过六千一百余元，而县署用款如行政经费、司法经费、监所经费、人犯囚粮、慈善经费各项，每年须用一万余元，以之抵充，不足远甚。……

（5）陋规　县署钱粮经征柜上有几种陋规：第一是银水，每块钱至少吃去半毛至多一毛。……第二是过割礼，又名割粮礼……第三是填写礼，田地买卖不但要交割粮礼，而且要税契……第四是券票礼，即粮票钱，每张小洋三分，全年约二千张，共六十元。以上四种陋规，除银水外，都是公共的。……

（6）管钱粮的　寻乌县有三个管钱粮的，刘士辉、刘梅芳、黄少堂。民国以来就是他们管钱粮，他们挟着几本粮册做宝贝，勾结历任县知事把这个职务当做世袭。由三人中互推一人为主任，其余两人为户书。红军到城，三个都挟着粮册跑掉了。

2. 烟酒印花税

寻乌的烟酒印花税，每月小洋各六十元，共百二十元，一个商人承包，在北门内设个税局。……包商多半是赣州人。

3. 屠宰税

也是包，每月八十元税额，实收百五十余元，赚七十余元。也设一个局，局丁一名，火夫一名。……

4. 护商捐

是一种地方捐，普通叫做"百货捐"。国民党经费、靖卫团经费都从此出，公安局没钱用也要拨一份给它。……名字叫做"护商捐"，实则商民恨得要死。

5. 牛捐

县城一处，每年一千七百多元，无局，由三四个股东承包，一人出面办理。……

6. 赌博捐

名字叫做"公益捐"，包括赌摊与花会，亦属地方经费，由财政局派征收员（何子韶做过两年）管理征收。……

7. 财政局总收入

财政局的收入是牛捐（年一千七百多元）、护商捐（年二万四千元）、考棚租（二千元左右）、宾兴租（以谷折钱计三千元左右）、孔庙租（三百元左右）等，共计年收三万元左右。……

8. 派款借款

省政府的赣省公债派过三千元，二五库券派过二千元，中央公债派过一千元左右，金融善后借款派过四千元，军阀过往，如林虎、刘志陆、李易标、黄任寰、许崇智、赖世璜过了多回，前后派过四万多元。……

（九）寻乌的文化

女子可以说全部不识字，全县女子识字的不过三百人。男子文化程度并不很低，南半县文化因交通与广东的影响比北半县更加发达。

高小学生多于初小，是因为进高小的多由读蒙馆后直接进去的。全县初小每区不出十个，七区共七十个，每个以五十人计共三千五百人。此外半新不旧的初小，有其名无其实或者连招牌也没有挂的有八十个，学生约一千五百人。两项共五千人上下。

高小每区至少一个。……高小学生大部分是小地主子弟，大地主与富农子弟各占小部分。

本县有四个中学，但都短命。……全部都是地主子弟，其中亦是小地主占大多数。

大学生中大多数出于大中地主阶级，小地主只占着五个。……共大学生三十人，十分之八是读法科。

出洋学生六人中……

秀才生存者全县还有四百个，其中篁乡区塘背古姓一村六百人中占去十一个，是秀才最集中的地方。……

南半县土地斗争胜利，每个乡苏维埃至少办了一个列宁小学校，普通是每乡两个，特别地方（龙图、牛斗光）办了四个，每校学生四五十人。学校及学生数比旧时国民学校增多一倍。小孩子们说："若不是土地革命我们没有书读。"高小因无经费也没有教员（革命知识分子忙于参加斗争去了），还没有办起来。

五、寻乌的土地斗争

（一）分配土地的方法

有几种分配土地的方法。主要的是照人口平分。全县只有百分之二十的地方没有分配土地。就已经分配了的说，照男女老少平分法去分配的占百分之八十。当土地斗争初起时没有成法可援，寻乌县革命委员会（县政府）提出了四个办法，要区乡苏维埃召集群众代表开会讨论，任凭选择一种。那四个办法是：一、照人口平分；二、照劳动力状况分配，劳动力多的多分，劳动力少的少分，即四岁以上、五十五岁以下为一劳动单位分全田，四岁以下、五十五岁以上分半田；三、照生活财源多寡分配，如做手艺的少分，无他职业的多分；四、照土地肥瘦分配，肥的少分，瘦的多分。施行结果，多数地方采取第一个办法。后头斗争发展，寻乌党就采取第一种办法作为主要办法，推行各区，得到了多数贫农群众的拥护。现在照这个办法来分配的土地，占全分配区域百分之八十。这百分之八十的地方，通通按照人口数目，不分男女老少，不分劳动能力有无大小，以人口除田地的总数去分配。

....

（二）山林分配问题

全县对于山林，除牛斗光一个乡外，均没有分配，仍由原耕作人经营，名义上全归苏维埃公有，耕种人向苏维埃纳地税。为什么牛斗光的山林分了呢？因为那乡人多田少，农民要求分山迫切。此外，许多地方的农民仍然迫切要求分山，如附城南门外、北门外一带的农民，因为山权在各大姓公堂手里，小姓农民没山种，他们就迫切要求分山。

（三）池塘分配问题

所有权归苏维埃，使用权归农民，由池塘的邻近人家轮流管理，每年更换一家。全县都是这个办法。

（四）房屋分配问题

没有分，但准许屋少的或被反动派烧了屋的，搬进屋多的人家去住。……就是把地主的房屋也完全照地主的田地一样加以分配。这亦是动摇封建基础争取贫农的一个策略。

（五）分配土地的区域标准

农民以两个理由反对用大的区域为单位分配土地，欢迎用小的区域为单位分配土地。一是怕把自己区域的土地分出去。……二是不赞成移民。……

（六）城郊游民要求分田

城内农民分田最少，每人一石八斗，为全县分田最少的地区。……

（七）每人得田数量及不足生活之补添

城郊最少，每人每档（一年收两季，每季为一档）一石八斗。城区四厢又多一点，每人每档三石多。……

（八）留公田问题

没有留公田。开会分田的时候，农民忙的是把田一概分完，没有提议政府要留出公田的。原因是人口稠密，土地稀少，农民分田仅够食用，有些食用还不够，哪里会赞成政府留出公田呢？

（九）分配快慢

后起的北半县分配得很快，如城区从暴动占领县城到田地分配完毕，只有二十天时间。……踏验明白，执行分配，抽多补少，确定界域。这种踏验、抽补工作较为麻烦，斗争亦多在其中，所以须费一星期内外的工夫。用这种方法从调查到分配完毕,至迟不过两星期即可办完。北半县后起地方,就是用的这种方法。

(十)一个"平"字

各乡分田会议中,讨论的问题是,乡为单位还是村为单位呢?人口标准分配还是劳动力标准分配呢?鱼塘、园、坝怎样分配(山林、房屋二者,寻乌没有提出讨论)呢?不准虚报,虚报的怎样处罚呢?至于没收标准问题简直不消讨论,因为红旗子一打起,那就是没收土地的宣告,用不着再有什么文字形式的宣告了。简单的问题就是这一大片土地怎样分配。很明显的,以人口总数除土地总数的平田主义是最直截了当,最得多数群众拥护的,少数不愿意的(地主与富农)在群众威胁之下,简直不敢放半句屁。所以一个"平"字就包括了没收、分配两个意义。

(十一)抵抗平田的人

双桥区枫山乡有个姓刘的小地主,霸耕自己的肥田不肯拿出去,拿出的只是些坏田。……群众中成为问题的,就是一个肥瘦分配的斗争,这是土地斗争的中心,也即是富农与贫农的斗争。

(十二)原耕总合分配

"以乡为单位",说的是人口单位,不是土地单位。土地是不能以区域限制的。甲乡的人在乙乡耕了田,乙乡的人也在甲乡耕了田,一乡的人在他的邻近各乡都有土地耕种关系。区与区的交界,县与县的交界,省与省的交界,农民都是互相交错地耕种土地。所以一乡的人拿了他们原在本乡及邻乡耕种着的土地,总合起来,平均分配,被认为是毫无疑义的。寻乌的土地分配也是这样。

(十三)暴动在莳田之后怎样处理土地

有三种处理法。第一种是寻乌北半县现在行的(南半县分田在莳田之先,无此问题),上档(又叫"早子")归原耕,下档(又叫"番子")归新户。……第二种是新户帮钱给原耕,上档亦归新户得谷。……第三种是不论上下档谁分了谁就去收获,广东平远县有行之者。

(十四)非农民是否分田

流氓在县城方面,略有耕种能力的准许分田,毫无耕种能力的不分;在县城以外各区,因流氓人数少,一概分田。工、商、学无可靠收入的准许分田,县城及大市镇有可靠收入的不分,不足的酌量补足一部分。红军士兵和革命职业者,不但分田,而且苏维埃动员农民替他们耕种。地主在乡居住的准许分田。僧尼、道士、传教士要改变职业,即不做僧尼、道士、传教士了,方许分田,否则不分。算命及地理先生无规定,因为很少,大概都是分田的。……

(十五)废债问题

分为债与账两项。债是废除二分利以上的高利贷。该欠商人的叫作账,民国十七年元旦以前的不还,以后的要还。因为寻乌所有的债,没有在二分以下的,所以二分以上的不还,实际上即是整个的不还。亲戚朋友之间讲人情借来不要利息的债务,群众仍归还,但这是非常之少的。欠商人的账多属富农阶级,中农稍有一点。贫农雇农是没有商人赊账的。

(十六)土地税

去年收了抗租所得税,每抗租一石,收税二斗,在双桥、南八两区实行了。今年二月县革委扩大会规定不分等第普遍收土地税百分之十,税率与抗租所得税相等。这是一种不分等第(不是累进的)的税法。五月县苏维埃大会采用赣西苏维埃颁布的累进税法。

(十七) 土地斗争中的妇女

寻乌的女子与男子同为劳动的主力。严格说来,她们在耕种上尽的责任比男子还要多。……她们没有政治地位,没有人身自由,她们的痛苦比一切人大。……政权机关对于这个问题的态度,有过四次变更。……

妇女在土地斗争中是表现非常之喜欢的,因为可以解决她们没有人身自由的束缚。未结婚的青年群众中,差不多不论哪个阶级都拥护婚姻自由的口号。……那末,农民男子是反对女子解放到底的吗?不是的,特别是贫农雇农阶级他们很快就会给予女子以完全的解放,在他们整个阶级解放完成了之后。他们之所以惧怕跑掉老婆,乃是在土地斗争尚未深入的时候——他们还没有充分看见推翻封建剥削以后的成果的时候所发生出来的一种思想。只要土地斗争一深入,他们对于婚姻问题的态度就要大大改变了。

二、《反对本本主义》(节选)(1930年5月)

1. 没有调查,没有发言权

你对于某个问题没有调查,就停止你对于某个问题的发言权。这不太野蛮了吗?一点也不野蛮。你对那个问题的现实情况和历史情况既然没有调查,不知底里,对于那个问题的发言便一定是瞎说一顿。瞎说一顿之不能解决问题是大家明了的,那末,停止你的发言权有什么不公道呢?许多的同志都成天地闭着眼睛在那里瞎说,这是共产党员的耻辱,岂有共产党员而可以闭着眼睛瞎说一顿的吗?

要不得!

要不得!

注重调查!

反对瞎说!

2. 调查就是解决问题

你对于那个问题不能解决吗?那末,你就去调查那个问题的现状和它的历史吧!你完完全全调查明白了,你对那个问题就有解决的办法了。一切结论产生于调查情况的末尾,而不是在它的先头。只有蠢人,才是他一个人,或者邀集一堆人,不作调查,而只是冥思苦索地"想办法","打主意"。必须知道这是一定不能想出什么好办法,打出什么好主意的。换一句话说,他一定要产生错办法和错主意。

许多巡视员,许多游击队的领导者,许多新接任的工作干部,喜欢一到就宣布政见,看到一点表面,一个枝节,就指手画脚地说这也不对,那也错误。这种纯主观地"瞎说一顿",实在是最可恶没有的。他一定要弄坏事情,一定要失掉群众,一定不能解决问题。

许多做领导工作的人,遇到困难问题,只是叹气,不能解决。他恼火,请求调动工作,理由是"才力小,干不下"。这是懦夫讲的话。迈开你的两脚,到你的工作范围的各部分各地方去走走,学个孔夫子的"每事问",任凭什么才力小也能解决问题,因为你未出门时脑子是空的,归来时脑子已经不是空的了,已经载来了解决问题的各种必要材料,问题就是这样子解决了。

一定要出门吗?也不一定,可以召集那些明了情况的人来开个调查会,把你所谓困难问题的"来源"找到手,"现状"弄明白,你的这个困难问题也就容易解决了。

调查就像"十月怀胎",解决问题就像"一朝分娩",调查就是解决问题。

3. 反对本本主义

以为上了书的就是对的,文化落后的中国农民至今还存着这种心理。不谓共产党内讨论问题,也还有人开口闭口"拿本本来"。我们说上级领导机关的指示是正确的,决不单是因为它出于"上级领导机关",而是因为它的内容是适合于斗争中客观和主观情势的,是斗争所需要的。不根据实际情况进行讨论和审察,一味盲目执行,这种单纯建立在"上级"观念上的形式主义的态度是很不对的。为什么党的策略路线总是不能深入群众,就是这种形式主义在那里作怪。盲目地表面上完全无异议地执行上级的指示,这不是真正在执行上级的指示,这是反对上级指示或者对上级指示怠工的最妙方法。

....

马克思主义的"本本"是要学习的,但是必须同我国的实际情况相结合。我们需要"本本",但是一定要纠正脱离实际情况的本本主义。

怎样纠正这种本本主义?只有向实际情况作调查。

4. 离开实际调查就要产生唯心的阶级估量和唯心的工作指导,那末,它的结果,不是机会主义,便是盲动主义

你不相信这个结论吗?事实要强迫你信。你试试离开实际调查去估量政治形势,去指导斗争工作,是不是空洞的唯心的呢?这种空洞的唯心的政治估量和工作指导,是不是要产生机会主义错误,或者盲动主义错误呢?一定要弄出错误。这并不是他在行动之前不留心计划,而是他于计划之前不留心了解社会实际情况,

这是红军游击队里时常遇见的。那些李逵式的官长，看见弟兄们犯事，就懵懵懂懂地乱处置一顿。结果，犯事人不服，闹出许多纠纷，领导者的威信也丧失干净，这不是红军里常见的吗？

必须洗刷唯心精神，防止一切机会主义盲动主义错误出现，才能完成争取群众战胜敌人的任务。必须努力作实际调查，才能洗刷唯心精神。

5. 社会经济调查，是为了得到正确的阶级估量，接着定出正确的斗争策略

为什么要作社会经济调查？我们就是这样回答。因此，作为我们社会经济调查的对象的是社会的各阶级，而不是各种片断的社会现象。近来红军第四军的同志们一般的都注意调查工作了①，但是很多人的调查方法是错误的。调查的结果就像挂了一篇狗肉账，像乡下人上街听了许多新奇故事，又像站在高山顶上观察人民城郭。这种调查用处不大，不能达到我们的主要目的。我们的主要目的，是要明了社会各阶级的政治经济情况。我们调查所要得到的结论，是各阶级现在的以及历史的盛衰荣辱的情况。举例来说，我们调查农民成分时，不但要知道自耕农，半自耕农，佃农，这些以租佃关系区别的各种农民的数目有多少，我们尤其要知道富农，中农，贫农，这些以阶级区别阶层区别的各种农民的

---

① 毛泽东历来重视调查工作，把进行社会调查作为领导工作的首要任务和决定政策的基础。在毛泽东的倡导下，红军第四军的调查工作逐渐地开展起来。毛泽东还把进行社会调查规定为工作制度，红军政治部制定了详细的调查表，包括群众斗争状况，反动派状况，经济生活情况和农村各阶级占有土地的情况等项目。红军每到一个地方，都首先要弄清当地的阶级关系状况，然后再提出切合群众需要的口号。

数目有多少。我们调查商人成分，不但要知道粮食业、衣服业、药材业等行业的人数各有多少，尤其要调查小商人、中等商人、大商人各有多少。我们不仅要调查各业的情况，尤其要调查各业内部的阶级情况。我们不仅要调查各业之间的相互关系，尤其要调查各阶级之间的相互关系。我们调查工作的主要方法是解剖各种社会阶级，我们的终极目的是要明了各种阶级的相互关系，得到正确的阶级估量，然后定出我们正确的斗争策略，确定哪些阶级是革命斗争的主力，哪些阶级是我们应当争取的同盟者，哪些阶级是要打倒的。我们的目的完全在这里。

什么是调查时要注意的社会阶级？下面这些就是：

工业无产阶级

手工业工人

雇农

贫农

城市贫民

游民

手工业者

小商人

中农

富农

地主阶级

商业资产阶级

工业资产阶级

这些阶级（有的是阶层）的状况，都是我们调查时要注意的。在我们暂时的工作区域中所没有的，只是工业无产阶级和工业资产阶级，其余都是经常碰见的。我们的斗争策略就是对这许多阶级阶层的策略。

我们从前的调查还有一个极大的缺点，就是偏于农村而不注意城市，以致许多同志对城市贫民和商业资产阶级这二者的策略始终模糊。斗争的发展使我们离开山头跑向平地了①，我们的身子早已下山了，但是我们的思想依然还在山上。我们要了解农村，也要了解城市，否则将不能适应革命斗争的需要。

6. 中国革命斗争的胜利要靠中国同志了解中国情况

我们的斗争目的是要从民权主义转变到社会主义。我们的任务第一步是，争取工人阶级的大多数，发动农民群众和城市贫民，打倒地主阶级，打倒帝国主义，打倒国民党政权，完成民权主义革命。由这种斗争的发展，跟着就要执行社会主义革命的任务。这些伟大的革命任务的完成不是简单容易的，它全靠无产阶级政党的斗争策略的正确和坚决。倘若无产阶级政党的斗争策略是错误的，或者是动摇犹豫的，那末，革命就非走向暂时的失败不可。须知资产阶级政党也是天天在那里讨论斗争策略的，他们的问题是怎样在工人阶级中传播改良主义影响，使工人阶级受他们的欺骗，而脱离共产党的领导，怎样争取富农去消灭贫农的暴动，怎样组织流氓去镇压革命等等。在这样日益走向尖锐的短兵相接的阶级斗争的形势之下，无产阶级要取得胜利，就完全要靠他的政党——共产党的斗争策略的正确和坚决。共产党的正确而不动摇

---

① 这里所说的山头指江西、湖南边界的井冈山地区，平地指江西南部、福建西部地区。1929年1月，毛泽东、朱德率领红军第四军的主力，自井冈山出发，向江西南部、福建西部进军，开辟赣南、闽西两大革命根据地。

的斗争策略，决不是少数人坐在房子里能够产生的，它是要在群众的斗争过程中才能产生的，这就是说要在实际经验中才能产生。因此，我们需要时时了解社会情况，时时进行实际调查。那些具有一成不变的保守的形式的空洞乐观的头脑的同志们，以为现在的斗争策略已经是再好没有了，党的第六次全国代表大会的"本本"① 保障了永久的胜利，只要遵守既定办法就无往而不胜利。这些想法是完全错误的，完全不是共产党人从斗争中创造新局面的思想路线，完全是一种保守路线。这种保守路线如不根本丢掉，将会给革命造成很大损失，也会害了这些同志自己。红军中显然有一部分同志是安于现状，不求甚解，空洞乐观，提倡所谓"无产阶级就是这样"的错误思想，饱食终日，坐在机关里面打瞌睡，从不肯伸只脚到社会群众中去调查调查。对人讲话一向是那几句老生常谈，使人厌听。我们要大声疾呼，唤醒这些同志：

速速改变保守思想！

换取共产党人的进步的斗争思想！到斗争中去！

到群众中作实际调查去！

7. 调查的技术

（1）要开调查会作讨论式的调查

只有这样才能近于正确，才能抽出结论，那种不开调查会，不作讨论式的调查，只凭一个人讲他的经验的方法，是容易犯错误的。那种只随便问一下子，不提出中心问题在会议席上经过辩

---

① 指1928年7月中国共产党第六次全国代表大会通过的各项决议案。1929年初，红军第四军前敌委员会曾经把这些决议案汇集印成单行本，发给红军和地方的党组织。

论的方法，是不能抽出近于正确的结论的。

（2）调查会到些什么人？

要是能深切明了社会经济情况的人。以年龄说，老年人最好，因为他们有丰富的经验，不但懂得现状，而且明白因果。有斗争经验的青年人也要，因为他们有进步的思想，有锐利的观察。以职业说，工人也要，农民也要，商人也要，知识分子也要，有时兵士也要，流氓也要。自然，调查某个问题时，和那个问题无关的人不必在座，如调查商业时，工农学各业不必在座。

（3）开调查会人多好还是人少好？

看调查人的指挥能力。那种善于指挥的，可以多到十几个人或者二十几个人。人多有人多的好处，就是在做统计时（如征询贫农占农民总数的百分之几），在做结论时（如征询土地分配平均分好还是差别分好），能得到比较正确的回答。自然人多也有人多的坏处，指挥能力欠缺的人会无法使会场得到安静。究竟人多人少，要依调查人的情况决定。但是至少需要三人，不然会囿于见闻，不符合真实情况。

（4）要定调查纲目

纲目要事先准备，调查人按照纲目发问，会众口说。不明了的，有疑义的，提起辩论。所谓"调查纲目"，要有大纲，还要有细目，如"商业"是个大纲，"布匹"，"粮食"，"药材"都是细目，布匹下再分"洋布"，"土布"，"绸缎"各项细目。

（5）要亲身出马

凡担负指导工作的人，从乡政府主席到全国中央政府主席，从大队长到总司令，从支部书记到总书记，一定都要亲身从事社会经济的实际调查，不能单靠书面报告，因为二者是两回事。

（6）要深入

初次从事调查工作的人，要作一两回深入的调查工作，就是要了解一处地方（例如一个农村、一个城市），或者一个问题（例如粮食问题、货币问题）的底里。深切地了解一处地方或者一个问题了，往后调查别处地方、别个问题，便容易找到门路了。

（7）要自己做记录

调查不但要自己当主席，适当地指挥调查会的到会人，而且要自己做记录，把调查的结果记下来。假手于人是不行的。

三、《兴国调查》（节选）（1931年1月）

一九三〇年九月，红军第一方面军从打长沙回到江西，十月初打开吉安，进到袁水流域，兴国送了许多农民来当红军，我乘此机会做了一个兴国第十区即永丰区的调查。找了傅济庭、李昌英、温奉章、陈侦山、钟得五、黄大春、陈北平、雷汉香八个人开调查会。调查的时间是一九三〇年十月底，开会的地点是新余县之罗坊，开了一个星期的调查会。永丰区位于兴国、赣县、万安三县的交界，分为四个乡，旧凌源区为第一乡，洞江区为第二乡，三坑区为第三乡，江团区为第四乡，以第二乡之永丰圩为本区政治经济中心。人口分布：第一乡三千，第二乡八百，第三乡三千，第四乡二千，总共八千八百。这一区介在兴、赣、万之交，明白了这一区，赣、万二县也就相差不远，整个赣南土地斗争的情况也都相差不远。实际政策的决定，一定要根据具体情况，坐在房子里面想像的东西，和看到的粗枝大叶的书面报告上写着的东西，决不是具体的情况。倘若根据"想当然"或不合实际的报告来决定政策，那是危险的。过去红色区域弄出了许多错误，都是党的指导与实际情况不符合的原故。所以详细的科学的实际调查，乃非常之必需。这次调查，一般说来仍不是很深入的，但较之我历次调查要深入些。第一，做了八个家庭的调查，这是我从来没有做过的，其实没有这种调查，就没有农村的基础概念。第二，调查了各阶级在土地斗争中的表现，这是我在寻乌调查中做了而没有做得完全的。这个调查的缺点，是没有调查儿童和妇女状况，没有调查交易状况和物价比较，没有调查土地分配后农业生产的状况，也没有调查文化状况。这些本来是要调查的，因为敌人对罗坊进攻了，红军决定诱敌深入的方针，我们的调查会只得结束。下面的材料是这样得来的：由我提出调查的纲目，逐一发问并加以讨论，一切结论，都是由我提出得到他们八个同志的同意，然后写下来的，有些并未做出结论，仅叙述了他们的答话。我们的调查会是活泼有趣的，每天开两次甚至三次，有时开至很夜深，他们也并不觉得疲倦。应该深深感谢这些同志。他们有几个是共产党员，但多数不是党员。

四、总政治部关于调查人口和土地状况的通知（节选）（1931年4月2日）

············

我们现规定了人口和土地两种调查表格。这两种表格主要地是要统计各阶级土地和人口比例，更具体地以铁的事实来解答我们现在许多问题。

过去许多地方往往忽视实际事实的调查，只凭自己空想去决定工作计划，去指导下级工作，结果计划是行不通的，指导是错了的。

现在这两种表格，我们如能照深刻注意实际的正确统计填写起来，是能解决我们许多问题的，特别是现在分配土地中的许多实际问题。深望红军政治部每到一处注意填写，地方政权机关逐乡去填写，尤望红军中和政府中每个负责人随时随地做此种调查和统计。

到底如何才能使调查所得的材料真实正确呢？

第一，必须建立对这一工作的深刻认识，看清楚这一工作的重要，才会以大力注意。

第二，调查的人要不怕麻烦。调查这一乡，必须找到他们的分田的人口和土地调查本子，找到这一乡的经手分田的土地委员和熟悉这一乡情形的人，先把每一家人的阶级成分和每一亩田为哪个阶级占有（属于地主、富农、中农、贫农……）分别清楚，再用硬算的办法统计清楚，按照实际数目填写上去。

第三，上级政府派出去指导的同志和政治部负责任的同志，须将两张表格的内容及调查时要注意之点，详细向执行这一工作的同志说清楚。特别是要说清楚：富农标准要是以剥削为他收入的相当部分。那些少量放账或借账的人还是列在中农。那些原是雇农，中间（未革命前）已经租得土地耕种的人还是列入贫农。那些全家不耕田，专靠独立劳动（做裁缝、木匠等）谋生活的才叫独立劳动者。半耕半做手艺的还是按照他的经济地位列入贫农、中农或富农里面去。自由职业者与流氓的分别，是在自由职业者谋相当正业（如医生、教员等），流氓无一定职业，生活行为亦不一定，而且都是做坏的事多。

以上各项，如果调查时不弄清楚，则自己茫无把握，必致把阶级成分弄错了，失了统计的正确价值。

这两张表格——土地表格和人口表格有密切联系，填写时必须同时进行。无论个人或团体，填写好了可封好直接邮寄中央革命军事委员会总政治部收。

我们的口号是：

一、不做调查没有发言权。

二、不做正确的调查同样没有发言权。

五、《长冈乡调查》（节选）（1933年11月）

一切苏维埃工作的实际执行都在乡苏与市苏，这是人人了解的，但乡苏、市苏应该怎么样进行他们的工作，却有很多人不了解。而不了解乡苏与市苏的工作，简直就不能真正领导苏维埃工作，就不能真正去解决"一切苏维埃工作服从革命战争的要求"这个问题。现在上级苏维埃工作人员中我们遇得到这样的情形：发得出很多的命令与决议，却不知道任何一个乡苏、市苏工作的实际内容。同志们！这是不行的，这是官僚主义，这是苏维埃工作的障碍！

我们的任务是提出了，从扩大红军到修桥筑路的许多计划也发布了，问题是怎样动员群众去完全地实际地实行这些任务与计划。异常紧张的革命战争，要求我们迅速地普遍地解决这个问题。而这个问题的解决，不是脑子里头想得出来的，这依靠于从动员群众执行各种任务的过程中去收集各种新鲜的具体的经验，去发扬这些经验，去扩大我们动员群众的领域，使之适合于更高的任务与计划。

现在许多地方的苏维埃机关中，发生了敷衍塞责或者强迫命令的严重错误，这些苏维埃同群众的关系十分不好，大大障碍了苏维埃任务与计划的执行。另一方面，无数的下级苏维埃工作同志，又在许多地方创造了许多动员群众的很好的方法，他们与群众打成一片，他们的工作收到了很大的成效。上级苏维埃人员的一种责任，就在把这些好的经验收集整理起来，传播到广大区域中去。这样的工作，现在应该立即在各省各县实行起来。反对官僚主义的最有效方法，就是拿活的榜样给他们看。

这里收集的长冈乡的经验，限于时间与报告人的材料，仅是他们若干项主要工作的概略的总结。但这种总结已足引起我们的极大注意，已足使我们郑重称赞他们的工作为"苏维埃工作的模范"，因为他们与群众的关系十分密切，他们的工作收得了很大的成效。发扬这些经验，收集更多的经验，供给一切落后的乡苏、市苏以具体的榜样，使他们的工作提高到先进乡苏、市苏的地位，团结千百万群众于苏维埃的周围，争取一切苏维埃工作适合于粉碎敌人"围剿"的要求，这就是我们的目的。

一九三三年十二月十五日

政治区划及户口

长冈乡属于江西省兴国县之上社区，是从本区椰木乡划出来的。

上社区工作的等第：长冈、椰木第一，杨澄第二，合富、秀水、塘石第三，仁田、上社第四。

…………

户口：

一、全乡四百三十七家，一千七百八十五人，……

二、出外当红军、做工作的：……

三、地主富农：……

代表会议

一　会议情形

议事日程经常是：（1）开会，（2）报告，（3）讨论，（4）其他，（5）散会。……，例如十一月八日开的一次会议，讨论了下列各项：

（一）军事动员。……

（二）经济动员。……

（三）修整河堤道路。……

（四）"拥护区苏"。……

后二项是放在"其他"一项议程内讨论的。此次讨论的各问题，都是选举大会中选民的提案交乡苏讨论者。

二　检查制度

两次代表会议之中，一次是讨论问题的，另一次是检查工作的。

…………

三　值日代表

各村代表数：……

各村工作等第：长冈第一，塘背第二，新溪第三，泗网第四。

…………

四　常委会

苏维埃成立以来即有常委会。

…………

五　代表领导居民

每个代表管居民二十几人至五十几人不等，如长冈村的代表李求应，他就是管五十多人的。

……

六 代表的变动

没有新划行政区时的榔木乡（七村，三千人），去年十一月选举代表七十多人，候补代表十一人，共八十多人。……

七 代表的政治表现

最好的百分之六十。

中等的百分之三十五。

最差的百分之五（四个）。

这四个最差的是两男两女，很笨，又不积极，十次会只到四次，到了也不听事，更不发言。对群众态度"粗"，群众不喜欢这四人。七月把他们改选了。

八 女代表

十六个中：

最好的八个，寻工作做，又做得好。

中等的六个，不知寻工作做，交给工作就做，做不很好，要人帮助。

最差的两个，交给工作也不做。

长冈乡代表会议有许多好的创造，如常委会、值日代表、代表领导居民、检查制度等，都是别地可学习的。……

此次选举

一 选举委员会……

二 选举宣传……

三 选民登记……

四 选举单位……

五 工作报告……

六　候选名单……

七　选举大会……

九　代表的政治表现

五十五个代表中，最积极的三十六个，中等的十九个，最差的尚未发现。……

十　选举后的代表会议

....

长冈乡此次选举的缺点：（1）宣传没有指出，苏维埃是群众自己管理自己生活的政权，选举苏维埃代表是群众最重要的权利。（2）候选名单人数恰如应选人数，没有比应选人数增加一倍，因此群众对于候选名单没有批评。选举委员会在组织候选名单问题上没有起什么作用，只有党的活动。（3）工作报告会议上没有尽力发动群众对乡苏工作的批评。除了这些缺点之外，其余都是成功的。

乡苏下的委员会

以下是群众团体。

分村、乡两级。村五人，主任即为乡之委员。乡五人的多，因村有委员会，但七人、九人、十一人的也有。

一　扩大红军委员会……

二　土地委员会……

三　土地登记委员会……

四　山林委员会……

五　建设委员会……

六　水利委员会……

七　桥梁委员会……

八　国有财产委员会……

九　仓库保管委员会……

十　没收委员会……

十一　查田委员会……

十二　教育委员会……

十三　卫生委员会……

十四　防空防毒委员会……

十五　筹备委员会……

地方部队

一　编制

（一）男赤卫军一排……

（二）女赤卫军一连……

（三）少队一大队……

二　训练

（一）排操……

（二）连操……

三　勤务

（一）运输工作……

（二）晚上放哨……

（三）白天检查……

（四）防空……

群众生活

一　今年碰着饥荒……

二　明年则不怕……

三　油有多余……

四　豆子可以换盐，但食盐量大减……

五　吃肉，贫农增一倍，工人增二倍……

六　鸡鸭多数自己吃，过去则多数卖出……

七　生活好起来，柴火少出卖……

八　衣增一倍……

九　雇农的生活改良了……

十　中农尚留在原地位……

十一　市价

（甲）农产：……

（乙）外货：……

十二　群众的休息与劳动……

劳动力的调剂与耕牛问题

一　模范耕田队……

二　劳动互助社……

全乡人口中：

全劳动的百分之十（在全乡总人口中约占一百五十人）。

半劳动的百分之二十（约三百人）。

附带劳动的百分之三十五（约五百二十五人）。

无劳动的百分之三十（约四百五十人）。

前二项共约四百五十人，大部分加入互助社。

…………

互助社的工作是优待红属、社员互助与帮助孤老，均完全达到目的，红属的田一般耕得好。其办法如下：

优待红属：……

社员互助：工数对除，少做了的，按工找算工钱于多做了的。

帮助孤老：只要吃饭，不要工钱。

以村为单位全盘计划生产，调剂人工。

....

工价：……

减低工资：……

三　犁牛合作社……

公债的推销

公债发行委员会五人，每村另有一个主任。

....

长冈乡工作的特点，在于能用全力去动员群众，用极大的耐心去说服群众，结果能完全实现他们的任务，并且争取了最快的速度，推销公债不过一例。……

合作社运动

起始于一九三一年三次战争结束后椰木乡（长冈乡那时属于椰木）的顾岭村。……

职员：……

管理委员会十一人，审查委员会七人。

....

文化运动

一　小学

列宁小学，四个，每村一个，各有校长、教员。

学生：……

二　夜学

全乡九个：长冈三，塘背二，新溪一，泗网三。

....

三　识字班

小孩子累赘的,"更多年纪的",家里人太少离夜学又远的,这些人编入识字班。

编制:……

教法:……

识字牌:……

四　俱乐部

全乡俱乐部四个,每村一个。

…………

卫生运动

一　办法……

二　工作……

三　成绩……

四　舆论

"红军共产党什么都想到了!""政府工作人员真正顾乐(爱惜的意思)我们!"但也有少数人说:"开窗户,没有病死要吹死!"还需要做深入的宣传。

…………

社会救济

…………

工作:

(一)慰劳红军。

(二)募捐救济难民,援助反帝。……

(三)乡里火烧了房子的,失业工人生病无药的,募捐救济。今春一家失火,烧了一间半屋,捐了六串多钱给他。

（四）救济饥荒。……

（五）救济红军家属。……

妇女

女工农妇代表会每村一个主任。……

儿童

童团委员会，乡五人，一个书记。村的，一个主任。……

工作：……

反帝

反帝拥苏同盟，乡的委员会三人（主任、宣传、组织）。

…………

工人

木匠：失业的十分之三。十工只有七工做。工资每日五百五十。

裁缝：大部失业，工资每日四百。

泥匠：失业十分之三，工资每日五百五十。

蔑匠：失业十分之一，工资每日四百。

理发：增加十分之一。剃头的，每人一年出谷八升。

零工：工资平时每天四百（二毛），紧时八百（四毛）。

贫农团

乡的委员会，三人（主任、宣传、组织）。村的委员会，五人。今年七月，会员二百七十一，十一月，增至三百八十六。

过去，"有事就唤贫农团"，但没有注意健全其组织。……

宣传队

…………

宣传的方式：（一）个别宣传，此项最多。（二）值日代表召集全村群众讨论工作时去做宣传。（三）区县开纪念节大会时向群众宣传，也向别乡别区的"队伍"做宣传。……

突击队

乡苏下五人，一队长。村则长冈、塘背、新溪有突击队，泗网没有。红军老婆组织的。

哪一村工作做不动，别一村的突击队就去检查帮助，把别村如何做动的方法告诉他们。乡的也一样，看哪一村做不动，就去检查帮助。

…………

革命竞赛

竞赛的办法，从今年春耕运动做起的，比赛"较早"、"较好"、"无荒田"三项。……

六、《才溪乡调查》（节选）（1933年11月）

行政区划

中央苏区有名的上下才溪，属于福建上杭县的才溪区。才溪区自新划行政区后分为下列八个乡：上才溪、下才溪、岭保、同康、曾坑、文才、大地、下王。

上才溪：五百二十三家，二千三百一十八人。

…………

下才溪：五百零三家，二千六百一十人。

…………

代表会议

一、代表数

上才溪：……

下才溪：……

二、代表团……

三、代表与居民的关系……

四、代表的政治表现

上才溪五十三个代表中：

最积极的，二十多个。

中等的，二十多个。

最差的，一个。

…………

五、代表的调动与补选

上才溪五十三个代表，去年十一月选举的。……

下才溪七十三个代表，……

六、女代表

去年十月选举时，上才溪五十三个代表中，女的十六个，占百分之三十。下才溪七十三个代表中，女的二十一个，也是百分之三十。……

村的代表主任制度及代表与居民发生固定关系的办法，是苏维埃组织与领导方面的一大进步。……这是苏维埃制度优胜于历史上一切政治制度的最明显的一个地方。……

此次选举

一、选举委员会领导选举。

二、居民选民登记，发榜三张。

三、候选名单，下才溪一百六十多人（内应选九十一人），一村贴一张，每张均写一百六十多个名字。群众在各人名下注意见的很多，注两个字的，五六个字的，十多个字的，儿童们也在注。

注"好"、"不好"等字的多，注"同意"或"消极"的也有。有一人名下注着"官僚"二字。受墙报批评的有二十多人，被批评的都是只知找自己生活、不顾群众利益、工作表现消极的。有诗歌。内有三张批评乡苏对纸业问题解决得不好。

四、乡为单位开选民大会，乡苏报告工作。

五、工人全乡为一单位，农民村为单位（四个）。

六、选举大会，选民到百分之八十。……

七、为着选举开的会很多：工会、贫农团、妇女会、互济会与反帝同盟合开会员大会，儿童团、少队都开了会，党团员会先开。有标语，有小册子。所以今年的选举宣传，比去年普及得多，大多数人都了解选举的意义。……

八、选举大会上鼓动买公债，下才溪在会场中一天买了一千五百多元，上才溪六百三十元。……

九、新干部的当选：……

上下才溪的选举是一般成功了的。他们的选举宣传，他们的组织候选名单与发动群众对候选名单的批评，他们的联系选举于别项工作，他们的组织工人与女子当选，都充分执行了中央政府的选举训令，成为苏区选举运动的模范。在选举大会上发动选民提案交新选代表讨论，这一方面则没有什么表现。这一方面的模范，应该让给兴国的长冈乡。

乡苏下的委员会

乡苏下有许多的委员会。举数例于下：

"拥护红军"。……

"优待红军家属"。……

"查田"。……

"选举"。……

"土地"。……

"劳动"。……

"山林"。……

"逃兵归队"。……

乡苏维埃下许多委员会的组织及其领导，成为乡苏工作的重要一部分，在才溪乡再一次证明了。……

扩大红军

八、九、十三个月。

上才溪：……

下才溪：……

全区以上下才溪两乡扩大红军成绩最好。主要原因是优待红军家属、慰劳红军工作历来不错。……

这些成绩，主要是由于党团支部动员党团员领导女工农妇代表会得来的：（一）党团员先开会，（二）妇女代表会开会，（三）妇女群众大会。

妇女代表会十天开一次，乡有主席团五人，内推一指导员，另四人分在四村，每村一人，即为村的主任。

妇女代表会讨论的问题，凡乡苏讨论的她们都讨论，除对慰劳红军、推销公债、发展生产极其努力外，本身利益如婚姻问题，也常讨论，解释婚姻条例给妇女听。

大数量地动员群众去当红军，依靠于：（一）政治上的充分的宣传鼓动，废弃一切强迫办法；（二）充分地优待红军家属；（三）健全的编制与训练地方武装。……只有拿经济上的动员配合着政治上的动员，才能造成扩大红军的热潮，达到如像长冈乡、才溪乡一样的成绩。

经济生活

一、劳动力问题

上才溪：全人口二千三百一十八人（暴动时）中，男劳力五百五十四（十六岁至五十五岁，下同），女劳力五百八十一，……全乡有红军家属三百五十八家。

下才溪：全人口二千六百一十人中，男女合计有劳动力的一千二百零七人（男七百六十五，女四百四十二），……全乡红军家属三百五十五家。

…………

调剂劳动力的主要方法，是劳动合作社与耕田队。其任务是帮助红属与群众互助。

帮助红属：……

群众互助：……

劳动合作社统筹全局，乡的劳动合作社委员会五人，……

本乡劳动合作社，一九三一年开始创设的。现在全苏区实行的"劳动互助社"，就是发源于此的。

…………

生产情形：……

二、消费合作社

全区八乡有十四个消费合作社。

上才溪两个：

一个油盐肉合作社。……

一个布匹合作社。……

下才溪三个：

一个布匹合作社。……

一个油盐肉合作社。……

一个豆腐、糖果、猪子合作社。……

合作社每月查账两次（查毕回家吃饭），开社员大会一次（不吃饭）。办事人，每三个月于开社员大会时改选一次。……

…………

"合作社第一好。"——舆论。

…………

三、粮食合作社

原名粮食调剂局，一九三〇年开始创设，由群众募集股金。……

调剂办法：……

今年二月，改名粮食合作社，但组织如旧。自今年经济建设运动发起以来，各乡粮社都扩大了。……

…………

下才溪另有一个"贩米合作社"，股本一百三十元，每股五角。专为红军路过、行人来往、机关人员及被难群众买米而设。……

四、犁牛合作社

全区只上下才溪两乡组织了，各有三头牛。

两乡约百分之二十的人家无牛，还没有想出解决的办法来。

五、日常生活

米：……

肉：……

衣：……

盐：……不打倒国民党无盐吃！

油：……

六、物价

………………

七、经济公债

新划的才溪区，八个乡，二千一百八十八家，八千七百八十二人，共承销公债一万三千六百元，现尚余约一千元没有销完。

上才溪五百二十三家，二千三百一十八人，销四千元。

下才溪五百零三家，二千六百一十人，销四千一百四十六元。

方法：

（一）党团员大会动员。

（二）各团体各自开会动员。

（三）乡苏代表会议动员。

（四）村为单位开群众大会一次，专门宣传，不销。

（五）乡为单位开群众大会一次，销债，两乡各销了一千五百多元，未完。

（六）乡代表、推销委员会（每村三人）、宣传队（乡组织的，每村五人），挨户宣传。

（七）选民大会上，上才溪销六百多元，下才溪销一千六百多元。至此，上才溪销了二千多元，尚余一千多元，下才溪销了三千多元，尚余约九百元。

（八）嗣后由代表、推销委员、宣传队按户鼓动，概销完了，承认了数目。但公债还没有完全领到。

………………

文化教育

上才溪：

日学。四个，共一校长，各一教员。……

夜学。四个，无校长，教员由日学教员兼。……

识字班。二十四组，每组十人，共二百四十人，……

读报团。设于俱乐部内，……

识字牌。六块，设置于通路处。

俱乐部。一个，任俱乐部工作的五十多人，内新剧团占三十多人。

墙报。四处，每村一处，在日校门外。……

下才溪：

日学。五个，共一校长，各一教员。……

夜学。八个，无校长，教员五个由日校教员兼，三个是另找来的。……

俱乐部。一个，工作人员五十多人。

识字班。二十六组，共二百六十人，识字办法同上才溪。

识字牌。五块。

墙报。五处。

读报团。一处，也是每五天逢圩日一次。

第五章　专家学者对中央苏区党的调查研究的理论探讨

20世纪20年代末至30年代前期,毛泽东与他的战友们在创建中央苏区的峥嵘岁月中,深入赣南、赣西、闽西城乡和反"围剿"前线,进行调查研究,写下了不少理论文章和调查报告,并提出相关工作建议。追寻中央苏区我们党调查研究的历史足迹,重温毛泽东等共产党人在这一时期有关调查研究的理论著述,对于在新的历史条件下,进一步做好调查研究工作,具有重要的现实意义。毫无疑问,中国共产党人在中央苏区开展的调查研究对于今天的中国特色社会主义事业来说是一块文化瑰宝,更是一种精神力量,值得深入挖掘其精神内涵。对此,国内外学界给予了高度关切,江西省和赣州市相关部门也先后组织召开了多次理论研讨会,吸引了国内外众多专家学者围绕中央苏区党的调查研究工作开展了理论上的多维探讨,取得了显著的学术成果和社会效应。现将部分专家学者对中央苏区党的调查研究的理论探讨文章摘录如下,以供各级党员干部尤其是领导干部学习。

一、调查研究与道路问题①

作者：陈晋（时任中共中央文献研究室副主任、中国中共文献研究会毛泽东思想生平研究会会长）

85年前，毛泽东在寻乌进行了被他称为"最大规模"的社会调查。在此前后，他还在赣南、闽西进行了一系列农村调查。这些调查，为他在中国革命最困难、最要紧的岁月，提出了正确的思想路线、工作方法、具体政策，打下了重要的认识基础，更为马克思主义中国化这个最基本、最长远的事业提供了正确方向。具体说来，毛泽东以寻乌调查为代表的农村调查，之所以能够从宏观上认识到中国革命道路"是什么"和"怎么走"，在于这些调查大体上解决了以下几个问题。

第一，通过以寻乌调查为代表的农村调查，为党在道路探索中提出正确的土地革命理论与政策，奠定了可靠的阶级基础。在到井冈山之前，毛泽东也做过一些农村调查，但他认为，自己对"农村阶级的结合，仍不是十分了解的"。寻乌调查之后，他才"弄清了富农与地主的问题，提出解决富农问题的办法"，兴国调查之后，才弄清楚了"贫农与雇农的问题"。后来，他还在调查基础上，进一步提出了正确对待中农的问题。弄清楚农村各阶级的状况及其相互关系，在实践中产生了两个积极成果，一是使党找到了解决土地问题的可行路径，进而制定出比此前的土地革命政策更加切合实际的方案；二是发展了马克思主义的阶级分析学说，

---

① 在2015年6月27日召开的"纪念毛泽东寻乌调查85周年"理论研讨会上的主旨发言（节选）。

使农村阶级划分有了科学的依据标准。这两个成果,使中国革命道路的探索有了可靠的阶级基础。

第二,通过以寻乌调查为代表的农村调查,为党在道路探索中逐步完善根据地建设政策,奠定了政治和经济基础。建立巩固的革命根据地,努力发动群众,扩大红色区域,是土地革命时期中国革命道路的重要内容,也是毛泽东农村调查的重要方面。通过对东塘、长冈、才溪等地的调研,他搞清楚了苏维埃政府"在土地斗争中的组织和活动情形",就苏维埃政权的性质、任务、工作方法,以及经济建设、关心群众等问题作了完整论述。这些建立在"铁的事实"基础上的理论概括和政策措施,使中央苏区迅速巩固扩大,为开创中国革命新局面积蓄了力量,使中国革命道路的探索有了重要的政治和经济基础。

第三,通过以寻乌调查为代表的农村调查,使党的建设思想有了中国特色的新发展,为党的道路探索奠定了组织基础。走农村包围城市的革命道路,将建设一个坚强的无产阶级政党的任务,突出地提了出来。如果没有这个任务的完成,即使以"乡村为中心",也难免要失败。中央苏区时期,毛泽东通过调查研究,为解决这个问题做出了开创性历史贡献。他在《反对本本主义》中明确提出了党的"思想路线"概念,后来在《查田运动的群众工作》《关心群众生活,注意工作方法》中,又提出了"群众路线"的科学概念和基本思想。这两个理论创新成果,与《古田会议决议》所提出的建党原则一道,把以农民为主要成分的党,逐步改造成了中国革命事业的坚强领导核心,使中国革命道路的探索有了必要的组织基础。

第四,通过以寻乌调查为代表的农村调查,为党在道路探索中处理马克思主义与中国革命实际的关系,奠定了思想基础。究竟应该以一种什么样的态度和方法来解决中国革命遇到的问题，多年没有解决。几次"左"倾教条主义的错误，盖源于此。毛泽东做寻乌调查的同时写作的《反对本本主义》，是他多年调查工作经验的思想结晶。这篇文章围绕调查研究这一根本工作方法，科学剖析了过去党犯错误的思想根源，提出了对待马克思主义的正确态度，即"马克思主义的'本本'是要学习的，但是必须同我国的实际情况相结合"①，"中国革命斗争的胜利要靠中国同志了解中国情况"。这些经验总结和理论认识，是对党的实事求是思想路线的初步阐发，也是在马克思主义中国化这个根本问题上形成思想自觉的重要开端，从而为中国革命道路的探索提供了思想基础和前进方向。

总而言之，以寻乌调查为代表的农村调查，深化和拓展了毛泽东关于中国革命道路的认识，激发和坚定了毛泽东对中国革命道路的自觉和自信。85年过去了，我们党先后创造性地成功走出中国特色新民主主义革命道路和中国特色社会主义道路。历史的经验告诉我们，我们党在救国、兴国、强国的接续奋斗过程中，之所以能够探索和开辟出决定命运的伟大道路，之所以在不断变化的历史条件下能够坚持和发展业已证明是正确的道路，一个重要法宝，就是深入实际调查研究。

二、毛泽东开辟中央苏区的四篇伟大著作和《寻乌调查》的伟大贡献②

作者：石仲泉（毛泽东思想邓小平理论研究会会长、中共中

---

① 《毛泽东选集》第1卷，人民出版社1991年版，第111—112页。
② 在2015年6月27日召开的"纪念毛泽东寻乌调查85周年"理论研讨会上的主旨发言（节选）。

央党史研究室原副主任）

《寻乌调查》，当然还有在中央苏区的其他调查，对于开辟中央苏区探索中国革命道路，具有重要的理论意义和历史价值。以《寻乌调查》为主体的中央苏区调查，包括对其进行理论概括的《反对本本主义》，既为毛泽东推进马克思主义中国化奠定了坚实基础，也使毛泽东提出和发展了马克思主义中国化的若干理论和政策。这里，主要讲以下三点：

首先，初步形成了调查研究理论。毛泽东从青年时代起就很注重了解社会情况，读"无字书"。他对做社会调查开始有明确的自觉要求，是1920年3月在送别新民学会好友出国留学那个时候，他讲到自己的留学观说：吾人如果要在现今的世界稍为尽一点力，当然脱不开"中国"这个地盘。关于这地盘内的情形，似不可不加以实地的调查，及研究。这是功夫。与其出洋回来后做，不如现在做了，以后到西洋考察可以借资比较。这就是说，还在共产党尚未成立之时，他就立了要做大事的志向，而要做大事就需要了解中国这个地盘。要了解中国这个地盘，就需要进行实地的调查研究。这也是他后来一直非常重视调查研究的一个动因。《寻乌调查》前的许多调查可以视为思想认识的积累过程，而到进行寻乌调查和写作《反对本本主义》以后，就产生了思想认识的飞跃，形成了比较充实和完整的调查研究理论。

其次，土地革命的理论和政策有了良好开端。我们党对如何进行土地革命的认识有一个过程。毛泽东是在通过不断的实际调查之后，才获得正确认识的，并且主要从《寻乌调查》开始的中央苏区调查后，才形成比较正确的系统的理论。

最后，根据地建设理论的基础更加广泛和充实。探索农村包围城市，武装夺取政权的中国特色革命道路，关键环节就是建立农村革命根据地。井冈山是党领导的第一块革命根据地。经过转战赣南闽西，不仅开辟了更广阔的革命根据地，而且进一步丰富和发展了根据地建设的理论和政策。《寻乌调查》虽然没有直接涉及如何建设根据地的诸多问题，但这个调查，还有其他调查所了解的情况为随后的根据地建设颁布相关政策提供了大量历史的和现实的参考资料。

我们为什么说中央苏区是毛泽东思想的发祥地呢？一个非常重要的原因，就是毛泽东在转战建立苏区过程中一直非常重视社会调查。《寻乌调查》，还有《兴国调查》，以及后来的《长冈乡调查》《才溪乡调查》这四大著名调查，集毛泽东调查之大成，代表了他调查的伟大成就。立足于这些调查，他提出了许多重要思想，历经砥砺，具备理论形态的雏形，并在实践中探索出了农村包围城市、武装夺取政权的中国革命道路。

三、《寻乌调查》在马克思主义中国化发展史上的重要地位①

作者：金民卿（中国社会科学院中国近代史研究所党委书记）

《寻乌调查》在中国化马克思主义形成的过程中，有着不可忽视的重要作用。《寻乌调查》是在中国化马克思主义形成之际进行的，《反对本本主义》又是在《寻乌调查》的过程中创作的，二者相互影响，互为支撑。

首先，《寻乌调查》为毛泽东集中整理思想和系统表达理论提

---

① 在2015年6月27日召开的"纪念毛泽东寻乌调查85周年"理论研讨会上的主旨发言（节选）。

供了一个较好的环境和时机。从思想发展的进程来看,《反对本本主义》的核心思想当然早于《寻乌调查》。《寻乌调查》之前,毛泽东已经对如何把马克思主义同中国具体实际有机结合起来这个关键问题,进行艰辛探索和深入思考,已经初步形成了基本的思想观点。但是,因为长期处于动荡的游击战争环境,并且承受着来自多方面的巨大压力,他很难静下心来进行冷静的思考和系统的整理。《寻乌调查》期间,环境相对和平安定,红军在各地进行发动群众的工作,指挥战斗的任务比较少,毛泽东获得了一个可以冷静下来思考的时机,把多年来的实践经验和理论思考凝练成系统的理论文章,这就是作为中国化马克思主义初步形成的标志性著作《反对本本主义》。

其次,《寻乌调查》不仅验证和深化了毛泽东此前的思想认识,而且推动了他根据调查资料展开进一步的理论思考,形成新的理论观点。一方面,《寻乌调查》验证了毛泽东此前的诸多判断和观点,如中国革命的具体性、中国社会阶级关系的特殊性和复杂性、农村不同阶级阶层的划分及其政治态度等等,使他更加坚定自己把马克思主义基本原理同中国具体实际相结合、探索具有中国特色的革命道路的理论认识,反对照搬照抄的教条主义观点和做法。另一方面,《寻乌调查》又促使他发现了新的问题,获得了新的收获,更加丰富了自己的理论思考,如关于城市问题、富农问题、商业问题、土地分配中的抽肥补瘦方法等。由此,他关于中国化马克思主义的理论观点就更加丰富、全面和深刻。

再次,《寻乌调查》同《反对本本主义》相互支撑、相得益彰。《寻乌调查》的开展同《反对本本主义》的写作是同一时间进行的,《寻乌调查》可以说是在初步形成的中国化马克思主义指导下进行的第一个调查研究，也可以说是中国化马克思主义初步形成之前的最后一个调查研究。《反对本本主义》从《寻乌调查》中获得了丰富的资料基础和实践依据，从而更加具有现实针对性和理论说服力，《寻乌调查》的许多论断直接体现在《反对本本主义》一文当中。《寻乌调查》从《反对本本主义》中获得了正确的理论指导，贯彻落实了《反对本本主义》的基本观点，生动体现了中国化马克思主义的初始形态。从文本内容上来看，《反对本本主义》和《寻乌调查》报告的很多表述非常相近，很多论断基本相同，《反对本本主义》的论述更具有理论抽象性，《寻乌调查》的论述则更具有现实具体性。例如，《寻乌调查》讲道："对于商业的内幕始终是门外汉的人，要决定对待商业资产阶级和争取城市贫民群众的策略，是非错不可的。"与此大体相同但更具有理论性的话在《反对本本主义》的开头是这样说的："你对于某个问题没有调查，就停止你对于某个问题的发言权。……你对那个问题的现实情况和历史情况既然没有调查，不知底里，对于那个问题的发言便一定是瞎说一顿。"再如，《寻乌调查》中，毛泽东讲到自己先前对于商业和城市问题是个门外汉，下决心要了解城市问题，并希望同志们除了研究农村问题之外也要研究城市问题，在《反对本本主义》中，他阐述道："我们从前的调查还有一个极大的缺点，就是偏于农村而不注意城市，以致许多同志对城市贫民和商业资产阶级这二者的策略始终模糊。……我们要了解农村，也要了解城市，否则将不能适应革命斗争的需要。"

总之，《寻乌调查》是毛泽东一生中最重要的调查研究之一，比较完整地体现了调查研究的科学方法，在毛泽东调查研究思想的形成发展中具有重要地位；从马克思主义中国化历史发展的角度来看,这次调查进一步弄清了富农问题,提出了"抽肥补瘦"的土地分配方案,为制订正确的土地革命路线提供了实际依据;进一步弄清了城市商业状况,明确了城市和乡村的关系,为深化"农村包围城市、武装夺取政权"的中国特色革命道路理论提供了重要支撑;这次调查为《反对本本主义》的创作奠定了重要基础,在中国化马克思主义理论的初步形成的过程中发挥了重要作用。

四、从《寻乌调查》看毛泽东的群众观[①]

作者:王新生(中共中央党史研究室第一研究部原副巡视员、研究员)

寻乌开展土地革命、进行分配土地时,县革命委员会提出了四种分配办法:一是按照人口平分;二是按照劳动力状况分配,劳动力多的多分,劳动力少的少分,四岁以上、五十五岁以下分全田,四岁以下、五十五岁以上分半田;三是按照生活财源多寡分配,如做手艺的少分,无他职业的多分;四是按照土地肥瘦分配,肥的少分,瘦的多分。多数地方采取了第一种方法分配土地。后来,寻乌党组织以第一种办法向各区推广,得到多数贫农群众的拥护。按照第一种办法分配土地达百分之八十。只有个别地方用其他办法分田。在分田时,把地主的房屋也完全照地主的田地一样加以分配。毛泽东认为"这亦是动摇封建基础争取贫农的一个策略。"

以多大的区域单位分田为好?毛泽东的调查发现,寻乌农民

[①] 在2015年6月27日召开的"纪念毛泽东寻乌调查85周年"理论研讨会上的主旨发言(节选)。

欢迎以小的区域单位分配土地。他们不但反对以区为单位分田，并且连以乡为单位都不赞成。他们希望还是以村为单位分田，这样可以使本村的田完全为本村所得。寻乌土地分配虽然有百分之八十五是以乡为单位分的，但多数农民对此并不热烈拥护，只是没有积极反对。至于为什么没有积极反对，主要是一乡之中，村与村的土地数量虽不等，但并不悬殊，他们经济上所受损失甚微。至于那些村与村数量差别很大的地方，或者是村的区域很大、差不多等于别处一个乡的地方，他们就坚决反对以乡为单位分配土地。以村为单位分配土地的地方，占全县的百分之十五。

如前所述，寻乌分田是按人口平分，以人口总数除以土地总数分配土地，最得多数群众拥护，"少数不愿意的（地主与富农）在群众威胁之下，简直不敢放半句屁。所以一个'平'字就包括了没收、分配两个意义。"平分土地，操作起来有一个问题需要解决，即土地有肥有瘦，地主富农肥田不愿被抽出，贫农补少时不愿要瘦田。一些小地主、富农不肯拿出肥田，拿出的只是坏田，在县革命委员会的召开群众大会的压力下，才把肥田拿了出来。也有个别乡苏维埃政府负责人，分田时分得好田，群众大为不满。后来，县革命委员会让他们把好田退了，群众才高兴了。当时，对于没收富农多余的土地，群众关心的是没收肥田瘦田问题。对于肥瘦土地分配的斗争，毛泽东指出："这是土地斗争的中心，也即是富农与贫农的斗争。"

很明显，寻乌土地革命斗争，分田完全是按照贫农的要求，得到广大贫农群众的欢迎，从而也就获得了革命的依靠力量。

寻乌分配土地"抽肥补瘦"的经验，后来在其他地方推广，并成为土地分配方法的原则之一。

值得注意的是，寻乌分田，也分配给地主富农一份和农民同样的地。对此，毛泽东是赞同的。毛泽东后来曾说："我作了寻乌调查，才弄清了富农与地主的问题，提出解决富农问题的办法，不仅要抽多补少，而且要抽肥补瘦，这样才能使富农、中农、贫农、雇农都过活下去。假若对地主一点土地也不分，叫他们去喝西北风，对富农也只给一些坏田，使他们半饥半饱，逼得富农造反，贫农、雇农一定陷于孤立。当时有人骂我是富农路线，我看在当时只有我这办法是正确的。"

毛泽东《寻乌调查》体现了以下几点：

其一，人民是历史的创造者。广大贫苦农民群众是被剥削者，但他们是物质财富的创造者，没有他们种田打粮食，谁都没有吃的，谁都活不下去。他们被压迫，吃不饱、穿不暖，这个社会是不公平的，是吃人的社会，必须推翻！

其二，一切为了人民群众。毛泽东农村调查的目的，就是怎样才能使人民群众翻身，过上好日子。凡是大多数贫苦农民要求的，都要给予满足。凡是大多数贫苦农民的利益，必须维护。

其三，一切依靠人民群众。人民群众是力量的源泉，搞民主革命，推翻封建主义，农民群众是革命的主要力量，必须发动农民群众，依靠农民群众。因此，要通过调查研究，找到办法，把农民群众动员起来，依靠群众去反对敌人。

其四，一定要深入人民群众。深入人民群众，把人民群众当亲人，人民群众才会把你当亲人，才会把他们心里的话对你说，告诉你他们想的是什么，他们的要求是什么，从而和群众建立密切的联系。

《寻乌调查》不仅完善了党的土地革命路线与土地分配原则，

而且是密切联系群众的典范,为党的群众路线形成起了重要作用。

五、智慧　勇气　担当——学习毛泽东在中央苏区坚持实事求是的革命品格①

作者：凌步机（赣州市中共党史学会秘书长）

所谓大智慧,是指善于全面、深入地掌握和了解客观实际情况,善于"从国内外、省内外、县内外、区内外的实际情况出发,从其中引出其固有的而不是臆造的规律性,即找出周围事变的内部联系,作为我们行动的向导"。毛泽东具有这种大智慧,他在领导中央苏区斗争中才有胆气、有底气坚持实事求是。

怎样才能具有这种大智慧呢？毛泽东的办法,就是注重社会调查研究。毛泽东在《反对本本主义》一文中强调："没有调查,就没有发言权。"他说："你对于那个问题不能解决吗？那末,你就去调查那个问题的现状和它的历史吧！你完完全全调查明白了,你对那个问题就有解决的办法了。一切结论产生于调查情况的末尾,而不是在它的先头。只有蠢人,才是他一个人,或者邀集一堆人,不作调查,而只是冥思苦索地'想办法','打主意'。须知这是一定不能想出什么好办法,打出什么好主意的。换一句话说,他一定要产生错办法和错主意。"他还十分形象地说："调查就像'十月怀胎',解决问题就像'一朝分娩'。调查就是解决问题。"1941年3月,他在为出版《农村调查》所作的"序言二"中,又强调说："要了解情况,唯一的方法是向社会作调查,调查社会各

---

① 在2015年6月27日召开的"纪念毛泽东寻乌调查85周年"理论研讨会上的主旨发言（节选）。

阶级的生动情况。对于担负指导工作的人来说，有计划地抓住几个城市、几个乡村，用马克思主义的基本观点，即阶级分析的方法，作几次周密的调查，乃是了解情况的最基本的方法。只有这样，才能使我们具有对中国社会问题的最基本的知识。"

毛泽东在《反对本本主义》一文中，称那些不愿做调查研究工作的人为"蠢人"。反之，愿意做调查研究工作的人即为"聪明人"。毛泽东自己十分重视作社会调查。早在建党初期和大革命时期，他就身背雨伞，脚穿草鞋，深入于安源矿区，穿行在湘江两岸，调查了解工人、农民状况，指导开展工人运动和农民运动，写出了《湖南农民运动考察报告》不朽篇章。1927年秋收暴动引兵井冈之后，他又作了宁冈、永新两县调查。在领导中央苏区斗争过程中，他更是时时处处注意收集了解社会实际情况，并且利用战争空隙时间，作了"寻乌调查""兴国调查""东塘等处调查""木口村调查""长冈乡调查"和"才溪乡调查"等大量系统、深入的农村调查。

除了自己亲自动手做调查研究之外，毛泽东还强调要"教育党员用马克思列宁主义的方法去作政治形势的分析和阶级势力的估量，以代替主观主义的分析和估量"，要"使党员注意社会经济的调查和研究，由此来决定斗争的策略和工作的方法，使同志们知道离开了实际情况的调查，就要堕入空想和盲动的深坑。"他还亲自为红军政治机关和政治工作人员制定了详细的社会调查大纲，甚至亲自动手设计各种调查表格，交代调查中准确填写的注意事项。

毛泽东的大智慧，不仅体现在他重视社会调查研究，还体现在他十分强调调查研究的科学性。他在《反对本本主义》文章中说道："近来红军第四军的同志们一般的都注意调查工作了，但是很多人的调查方法是错误的。调查的结果就像挂了一篇狗肉账，像乡下人上街听了许多新奇故事，又像在高山顶上观察人民城郭。这种调查用处不大，不能达到我们的主要目的。"因此，毛泽东在1931年4月2日进一步提出："我们的口号是：（一）不做调查没有发言权。（二）不做正确的调查同样没有发言权。"怎样做才算是正确的、科学的调查呢？毛泽东根据当时革命斗争的需要说："我们调查工作的主要方法是解剖各种社会阶级，我们的终极目的是要明了各种阶级的相互关系，得到正确的阶级估量，然后定出我们正确的斗争策略，确定哪些阶级是革命斗争的主力，哪些阶级是我们应当争取的同盟者，哪些阶级是要打倒的。我们的目的完全在这里。"他总结了自己做调查工作的7条经验和做法，就是：（1）要开调查会作讨论式的调查；（2）参加调查会的人要使能深切明了社会经济情况的人；（3）参加调查会的人数多少，要依调查人的情况决定；（4）要事先定调查纲目；（5）要亲自出马；（6）要深入；（7）要自己做记录。毛泽东还特别强调，做调查研究必须甘当小学生，必须有恭谨勤劳和采取同志态度，"没有满腔的热忱，没有眼睛向下的决心，没有求知的渴望，没有放下臭架子、甘当小学生的精神，是一定不能做，也一定做不好的"。

六、"没有调查，没有发言权"：中央苏区时期毛泽东的农村调查①

作者：鲁可荣（浙江师范大学农村研究中心教授）

---

① 《中国社会科学报》2013年第538期（节选）。

自1930年开始，国民党政府对中央根据地发动了大规模军事围剿和经济封锁，中央苏区面临严峻的军事和经济形势。同时，党内开始出现"左"倾机会主义，推行"按劳动力分配土地"的原则和"侵犯中农和城市中小资产阶级的利益"等政策，脱离实际指导土地斗争。为了纠正土地斗争中的错误以及说服和教育党内同志，正确地指导土地革命，自1929年至1933年毛泽东在中央苏区开展了一系列农村调查研究，从而为科学合理地制定土地革命路线、方针和政策提供了客观准确的现实依据和实施路径。

第一，"没有调查，就没有发言权"。1929年4月，红四军进驻江西瑞金，毛泽东率领第三纵队到达兴国县后，即刻开展社会调查，重点是调查兴国的政治、经济情况，翻阅县志并向群众了解兴国的历史及其现状。在此基础上，毛泽东根据中共六大决议和兴国的实际情况，主持制定了兴国县《土地法》。正如金冲及先生指出的那样："把井冈山《土地法》中'没收一切土地'，改为'没收一切公共土地及地主阶级的土地'。这是一个正确的原则性的改动。"1930年5月，红四军攻占寻乌县城，毛泽东在寻乌县开展了十多天的社会调查，他说："我作了寻乌调查，才弄清了富农与地主的问题，提出解决富农问题的办法，不仅要抽多补少，而且还要抽肥补瘦。"还提出"没有调查，没有发言权"的著名论断。

第二，"从群众中来，到群众中去"。正确的社会调查方法是获得真实社会调查结果的前提，而实事求是的态度又是正确开展社会调查的先决条件。毛泽东指出"离开实际调查就要产生唯心的阶级估量和唯心的工作指导"。这种唯心主义的调查方式，一方面表现为先入为主或者是自以为是的态度。遇事不愿尊重客观事实，不去重视群众的意见。把既定的结论或一般原则强加于调查研究，把调查研究作为验证主观成见的手段，"它的结果，不是机会主义，便是盲动主义。"另一方面表现为盲目的崇拜和过分的迷信。只要是领导讲的、只要是上了书本的都是对的，尤其是对马克思主义理论的机械性的照搬照抄。对此，毛泽东指出："马克思主义的'本本'是要学习的，但是必须同我国的实际情况相结合。"在中央苏区时期，毛泽东始终坚持实事求是的基本原则，根据实地调查所掌握的材料分析农村社会现状和土地革命运动中面临的问题，并在调查中寻找解决问题的正确方法和途径，从而促进了中央苏区土地革命和苏维埃工作的顺利开展。

农村调查是调查者与被调查农民群众之间的互动过程，真实、完整、科学的调查结论来自于对农民群众的真实生产生活的深入了解。针对当时一些苏区干部不重视开展社会调查，盲目发表不正确议论的现象，毛泽东指出："共产党的正确而不动摇的斗争策略，决不是少数人坐在房子里能够产生的，它是要在群众的斗争过程中才能产生的，这就是说要在实际经验中才能产生。"因此，要了解真实的农村和农民现状，必须深入到农民群众中去，拜"能深切明了社会经济情况的人"为师。同时，毛泽东也批评了一些同志的错误倾向："红军中显然有一部分同志是安于现状，不求甚解，空洞乐观……从不肯伸只脚到社会群众中去调查调查……我们要大声疾呼，唤醒这些同志：速速改变保守思想……到群众中作实际调查去！"并进一步指出：在开展农村调查过程中，如果"没有满腔的热忱……没有求知的渴望，没有放下臭架子、甘当小学生的精神，是一定不能做，也一定做不好的"。

第三，坚持科学的调查分析方法。开展科学的农村调查，不仅要有明确的调查目的、实事求是的调查态度和深入基层的调查作风，而且还要有科学的调查分析方法。毛泽东指出："我们不但要提出任务，而且要解决完成任务的方法问题。我们的任务是过河，但是没有桥或没有船就不能过。不解决桥或船的问题，过河就是一句空话。不解决方法问题，任务也只是瞎说一顿。"因为社会调查分析方法的科学与否，直接关系到社会调查结论的正确与否，因此，毛泽东根据自身丰富的农村调查实践经验提出："要了解情况，唯一的方法是向社会作调查，调查社会各阶级的生动情况。对于担负指导工作的人来说，有计划地抓住几个城市、几个乡村，用马克思主义的基本观点，即阶级分析方法，作几次周密的调查，乃是了解情况的最基本的方法。"在农村调查研究中，面对纷繁复杂的农村社会以及丰富零散的调查资料，要善于透过现象看本质，因为"我们看事情必须要看它的实质，而把它的现象只看作入门的向导，一进了门就要抓住它的实质，这才是可靠的科学的分析方法"。否则，如果没有科学的调查与分析的态度和方法，也就不会有透过现象看清事物的本质与真相的本领。

七、"寻乌调查"的"情"与"实"[①]

作者：王晓春（时任中共江西省委党史研究室主任、教授）

第一，寻乌调查体现了毛泽东对群众的深厚感情。

人民群众是历史的创造者，蕴含着无穷的力量和智慧。毛泽

[①] 《江西日报》2015 年 7 月 13 日。

东对人民群众有着天然的、深厚的感情,始终对群众怀有敬畏之心,善于拜群众为师。寻乌调查的对象有贫农、中农、破产小地主、杂货店主等,虽然这些人的社会地位比较低,但毛泽东十分尊重他们,把他们看成"可敬爱的先生",对他们"采取同志态度",认真听他们讲述,认为他们给了自己很多闻所未闻的知识,并记录下详细的内容。这种尊重群众、虚心学习的做法,为毛泽东赢得了群众的支持和信任,使调查获得了成功。关于调查研究,毛泽东后来在一篇文章中写道:"要做这件事,第一是眼睛向下,不要只是昂首望天。没有眼睛向下的兴趣和决心,是一辈子也不会真正懂得中国的事情的。"所谓的"眼睛向下",就是要尊重群众,潜心向群众学习。毛泽东对群众的真情实感以及放下架子、甘当小学生的做法,值得今天的党员干部学习。

由于对群众怀有深厚的感情,毛泽东时刻关心群众生活,切实为群众谋利益。在寻乌调查中,毛泽东把贫苦群众作为重要的调查对象,对他们各方面的情况调查得非常详细。通过调查,毛泽东发现寻乌有近40%的农民刚打下禾、交过租就没有饭吃,足见封建地租剥削之严重以及农民的生活之艰难。针对一些农民为了还债"卖妻鬻子"的传言,毛泽东非常谨慎地进行了调查,发现卖儿子的现象在寻乌农村十分普遍,债主听说有人家卖了儿子后,马上就会上门讨账。对此,毛泽东沉痛地说:"旧的社会关系,就是吃人关系!"苏区时期,毛泽东多次号召大家放下官僚主义的架子,切实关心群众生活。1934年1月,他在第二次全国工农兵代表大会上说:"我们应该深刻地注意群众生活的问题,从土地、劳动问题,到柴米油盐问题。妇女群众要学习犁耙,找什么人去教她们呢?小孩子要求读书,小学办起了没有呢？对面的木桥太小会跌倒行人，要不要修理一下呢？许多人生疮害病，想个什么办法呢？"这无不体现着毛泽东对贫苦群众的关心。

毛泽东所进行的调查，一方面，增进了他对群众的了解和感情，密切了同群众的关系；另一方面，使他从群众中学到了很多知识，提升了自己的工作能力和水平，为在斗争中制定符合实际的政策提供了保障，为我们党的群众路线理论的发展和完善奠定了基础。

第二，寻乌调查体现了毛泽东的务实作风。

毛泽东总是实实在在地进行每一次的农村调查。在寻乌调查中，毛泽东一共找了11个人做调查，他们来自不同的行业，对社会经济情况都比较了解。毛泽东与他们面对面开了十几天的调查会，并详细记录下调查的内容。

毛泽东调查了寻乌的商业，包括各种商品贸易的状况、经营者的政治成分等。在对寻乌旧有土地关系的调查中，毛泽东主要调查了寻乌的农村人口成分、旧有田地分配情况，分析了地主、富农等的土地占有、土地经营情况等，并对贫苦农民在封建剥削下的苦难生活进行了深刻的描述。在对土地斗争情况的调查中，他详细了解了土地分配的方法以及山林分配、池塘分配、房屋分配等问题，并对土地斗争中的妇女问题进行了深入调查。1941年，毛泽东在《关于农村调查》一文中写道："我作了寻乌调查，才弄清了富农与地主的问题，提出解决富农问题的办法，不仅要抽多补少，而且要抽肥补瘦，这样才能使富农、中农、贫农、雇农都过活下去。"这样的结论是从深入调查中得出来的，是符合客观实际的。

八、毛泽东的《寻乌调查》和毛泽东思想路线的形成①

作者：李蓉（原中共中央党史研究室研究员）

从寻乌调查到毛泽东《调查工作》问世，可以看出毛泽东调查研究思想或调查研究的一些突出特点。首先，是紧密结合中国的实际，结合中国人民的实际，从具体的实践中提炼思想，又将从实际中来的工作方式方法、斗争策略，又回到实际中去。毛泽东并没有因为完成了《寻乌调查》，写成了《调查工作》就停止调查研究。在结束了对江西寻乌的大规模社会调查之后，毛泽东同年到福建上杭县又做过才溪乡调查。1933年毛泽东先在兴国长冈乡调查后又到上杭县才溪调查，主要对乡苏维埃工作进行调研。他对才溪区的行政区划、代表会议、此次选举、乡苏维埃下的委员会、扩大红军、经济生活、文化教育等问题，都一一了解并加以记录。这和他在寻乌调查时虚心地向群众请教，耐心细致地了解情况完全相同。

同时，毛泽东对调查研究的重视始终如一。他不仅自己以身作则，也要求党员干部、红军指战员重视开展调查研究。1930年5月，也就是毛泽东在寻乌作社会调查期间，还和朱德在寻乌马蹄冈召开红四军第一、第二、第四纵队大队长以上干部会议，总结贯彻古田会议决议的经验，提出革命军队管理教育的七条原则，其中第一条便是干部要处处以身作则；第二条是要深入群众，要群众化；第三条是干部要时刻关心战士，体贴战

---

① 在2020年9月28日召开的"纪念毛泽东寻乌调查90周年"理论研讨会上的发言（节选）。

士。在调查研究、深入群众的问题上，毛泽东是当之无愧的楷模和榜样。

其次，毛泽东在调查研究采取多种途径和不同方式。他不光是集中时间召开专门的调查会，也通过其他会议形式向干部等了解情况。在寻乌调查的同时，毛泽东于1930年5月4日曾以中共红四军前委名义致信安远、于都、会昌、赣县四县边界特委，提出对流氓的方针和策略：既要积极争取他们，把他们的力量用于对统治阶级的斗争，又要防止他们的消极因素，在红军赤卫队及苏维埃中不能占多数、居于领导地位。而在一个多月后的南阳会议上，通过集体讨论，便形成了《流氓问题》决议案。南阳会议是毛泽东在寻乌调查后不久主持召开的红四军前委和闽西特委联席会议。出席会议的有毛泽东、朱德、陈毅、谭震林、邓子恢、张鼎丞、蔡协民、曾志、方方等80多位代表。参会不光有红四军前委委员，闽西特委委员，还有部分红四军、闽西地方干部。会议讨论了政治、军事、经济等问题，总结了中共闽西第一次代表大会以后，党在领导根据地建设和武装斗争各方面所取得的成就和经验，分析了闽西革命斗争形势，着重就对待富农的政策和对待流氓的政策问题进行了讨论；除了通过《流氓问题》决议案，还通过了《富农问题》。这样较大范围的会议，与会者发言讨论，既为毛泽东了解情况提供了重要渠道，也为形成和达成共识，通过有关决议以便遵行提供了条件。

再次，毛泽东进行调查研究的过程，实际上也是深入群众，在群众中作宣传，帮助群众组织起来的过程。1930年5月6日，毛泽东听取中共寻乌县委负责人汇报，指示召开寻乌县第一次工农兵代表大会，成立寻乌县苏维埃政府。5月上旬，毛泽东和朱德部署红四军在安远、寻乌及广东平远发动群众、筹措给养、扩大工农武装,并在东门坝会见红四军宣传队的队员们,要他们每到一地,到群众中作调查,向群众作宣传,帮助群众组织起来。而红军在分兵发动群众的同时,实际上也是在作社会调查,了解人民群众的愿望和要求,并尽力帮助解决。

寻乌调查是毛泽东一生调查研究活动的一个非常重要的成果,更是他实事求是思想路线的代表作《调查工作》形成的直接而重要的实践基础。但是,毛泽东并没有到此为止,他的社会调查在继续进行。他的认识也在调研中不断地丰富和补充,甚至修正。正如他后来所说:"我们相信事物是运动的,变化着的,进步着的。因此,我们的调查,也是长期的。今天需要我们调查,将来我们的儿子、孙子,也要作调查,然后,才能不断认识新的事物,获得新知识。"

九、调查研究是重要的工作方法更是马克思主义方法论①

作者:严书翰(中共中央党校教授、博导,马克思主义理论研究和建设工程首席专家)

土地革命时期,毛泽东所作的寻乌调查应该算是一次规模最大的调查了。1930年5月,红四军攻克了江西寻乌县城,在这停留了一个月,这么长时间的停留是红四军离开井冈山后少有的。当时的环境相对稳定。在时任寻乌县委书记古柏协助下,毛泽东接连开了十多天座谈会,进行了较为充分的调查研究。毛泽东这

---

① 在2020年9月28日召开的"纪念毛泽东寻乌调查90周年"理论研讨会上的主旨发言(节选)。

次调研的目的非常明确，就是要弄清楚中国的富农问题和商业状况。毛泽东认为此前自己对这两方面情况认识不多，他还认为，寻乌县位于闽粤赣三省交界处，弄清楚寻乌县基本情况，也就大致了解了这三省交界各县情况。

毛泽东把这次调研情况整理成《寻乌调查》，共五章三十九节（8万多字）。对寻乌县的地理环境、经济、政治、交通、各阶级的历史和现状等，进行了全面而详细的考察分析。不但调查了农村，还调查了城镇，尤其调查了城镇的商业和手工业状况及其历史发展过程和特点。经过寻乌调查，毛泽东弄清楚了城市商业状况，掌握了土地分配的各种情况，为制订正确对待城市贫民和商业资产阶级的政策，为确定土地分配中限制富农的政策，提供了实际依据。正如毛泽东自己所说："我作了寻乌调查，才弄清了富农与地主的问题，提出解决富农问题的办法，……。当时有人骂我是富农路线，我看在当时只有我这办法是正确的。"当然，毛泽东始终认为，人的认识不可能总是停留在原有的水平上。后来他自己谈到，寻乌调查也还有不足之处，就是没有分析中农、雇农与流氓，而且在旧有土地分配上，没有把富农、中农、贫农的土地分开来讲。这年的十月，毛泽东又做了兴国调查。这次调研的重点：一是做了8个家庭的详细调查，这是他此前从未做过的。二是调查了农村各阶级在土地斗争中的表现。这是毛泽东在寻乌调查中没有完全做的。可以认为兴国调查是对寻乌调查的补充和完善。毛泽东在整理兴国调查的后记中指出："实际政策的决定，一定要根据具体情况，坐在房子里想象的东西，和看到的粗枝大叶的书面上写着的东西，决不是具体的情况。倘若根据'想当然'或不合实际的报告来决定政策，那是危险的。过去红色区域弄出许多错误,都是党的指导与实际情况不符合的原故。所以详细的科学的实际调查,乃非常之必需。"

1930年,可以说是毛泽东的调查研究年,这一年他作了寻乌调查、兴国调查和东塘等处调查,还写下了他心爱的著名文章《调查工作》(后来改名为《反对本本主义》)。这篇文章堪称毛泽东在调查研究方面的杰作。毛泽东在这篇文章中开宗明义地提出"没有调查、没有发言权"。此文共6节(五千多字),其中有4节都是用调查研究来作题目的。如第二节、调查就是解决问题,第四节、离开实际调查就要产生唯心的阶级估量和唯心的工作指导,第五节、社会经济调查,是为了得到正确的阶级估量,接着定出正确的斗争策略,第七节、调查的技术。

毛泽东对这篇文章情有独钟,由于土地革命时期党处于极其艰苦的环境,朱毛领导的红军转战各地,毛泽东此文的文稿丢失了。毛泽东曾说,丢失此文文稿就"像丢了小孩子一样","过去到处找,找不到"。1961年1月,中央革命博物馆终于从中共福建龙岩地委1930年的档案中找到此文的石印本。这个文稿失而复得,毛泽东非常高兴。他说"我对自己的文章有些也并不喜欢,而这篇文章我是喜欢的"。他多次在党的会议上推荐这篇文章。毛泽东说,此文是反对当时红四军中的教条主义而写的,那时没有"教条主义"这个名称,我们叫本本主义。1961年3月13日,毛泽东在广州召开的中共中央中南局、西南局、华东局负责人和这三个地区所属省市自治区党委负责人参加的工作会议(以下简称南三区会议)上,他逐节讲解此文的主要内容和现实意义,可见此文在他心中的分量。

十、用好传家宝　练好基本功[①]

作者：俞银先（中共江西省委党史研究室主任）

从寻乌调查中汲取历史营养，深入学习毛泽东调查研究的思想和方法，对于我们用好传家宝、练好基本功，正确认识、把握和破解各种风险挑战，推进中国特色社会主义事业不断前进，具有重要的现实意义和时代价值。

亲眼看、亲耳听、亲手写，坚持亲力亲为搞调研。寻乌调查是毛泽东早期进行的一次较大规模的调查活动。毛泽东亲自拟提纲、亲自主持调查会、亲自作调查记录、亲自撰写调研报告，历时二十多天，积累了大量的第一手资料，整理写出了八万多字的《寻乌调查》。在此期间，他还撰写了著名论著《反对本本主义》。可见，亲力亲为、身体力行，是毛泽东开展调研的一个鲜明特点。调查研究是我们党制定和实施重大路线方针政策的重要前提。调查研究重在深入实际，贵在身体力行，只有扑下身子、沉到一线、亲身体验、切身感受，才能摸清情况、得出结论、把握规律、开创事业新局面。

直面问题、找准问题、破解问题，坚持问题导向搞调研。调研过程中，毛泽东通过对寻乌旧有土地关系和土地斗争的调查，探索了关于农村阶级划分、土地革命政策、取缔剥削政策和分配土地池塘房屋的办法和标准等问题；提出了不仅要抽多补少，也要抽肥补瘦，使富农、中农、贫农、雇农都能过活下去等解决问

[①] 在 2020 年 9 月 28 日召开的"纪念毛泽东寻乌调查 90 周年"理论研讨会上的主旨发言（节选）。

题的方法。在《反对本本主义》中，毛泽东将调查研究与解决问题作了一个形象的比喻："调查就像'十月怀胎'，解决问题就像'一朝分娩'。"调查研究的过程就是科学决策的过程，省略不得、马虎不得。

从群众中来、到群众中去、拜群众为师，坚持群众路线搞调研。寻乌调查中，毛泽东除了直接与各界群众开调查会，还经常到田间地头去帮助农民做事，虚心向群众请教。围绕群众最关心的土地问题，毛泽东用解剖"麻雀"的方法分析问题，得出了"旧的社会关系，就是吃人关系"等结论，提出了"平田主义是最直截了当，最得多数群众拥护的"等论断，为完善土地革命政策策略，深入开展土地革命，奠定了扎实的基础。寻乌调查后，毛泽东明确提出了"到群众中作实际调查去"的思想路线问题，阐明了"共产党的正确而不动摇的斗争策略"的来源。开展调查研究，要像寻乌调查中所言"放下臭架子、甘当小学生"那样，少一点衙门气、多一点烟火味，少一点"走马观花"、多一点"下马看花"，交点基层朋友、听些群众声音，要把加强顶层设计和坚持问计于民统一起来，让人民群众真正成为我们党科学决策的源头活水。

不唯上、不唯书、只唯实，坚持实事求是搞调研。寻乌调查中，毛泽东坚持"一切结论产生于调查情况的末尾，而不是在它的先头"的求实态度，客观呈现事实，不回避问题，将参加调查会的干部、农民、秀才等当成"可敬爱的先生"，虚心认真地向他们请教，从寻乌的地理环境到政治区划、各阶级现状到政治经济、旧有土地关系到土地革命等等，调查了解得非常详细全面，进一步了解了中国的国情，深入思考了马克思主义与中国革命实际的关系，深化和拓展了对中国革命道路的认识，初步形成了毛泽东思想中实事求是和独立自主的活的灵魂，成为马克思主义普遍原理与中国具体实际相结合的光辉典范。敢于并善于在不断变化的历史条件下，始终实事求是、独立自主地坚持和发展属于自己的正确道路，其中一个重要法宝就是开展求真务实的调查研究。调查研究是一种能力，也是一种作风，是"转变党的作风的基础一环"。我们必须时刻牢记一切从实际出发，按客观规律办事，唯有如此，才能取得真经，求得实效。

十一、《寻乌调查》的当代价值①

作者：陈金龙（华南师范大学马克思主义学院院长、教授、长江学者）

《寻乌调查》是毛泽东农村调查的经典之作，其中蕴含的调查研究思想与方法，对于新时代领导干部开展调查研究具有重要指导意义。

第一，调查研究要有问题意识。带着问题去，调查研究才有针对性，才会有所收获。毛泽东在《寻乌调查》前言中指出："关于中国的富农问题，我还没有全般了解的时候，同时我对于商业状况是完全的门外汉，因此下大力来做这个调查。"他决定对寻乌县城进行调查有着明确的问题意识，力求通过调查弄清当时的富农和商业现状，及时解决党在土地革命中的路线问题，制定对中间阶级和中小工商业者的具体政策。因此，毛泽东不仅调查了农村，还调查了城镇，尤其调查了城镇的商业和手工业状况及其历

---

① 《学习时报》2018年1月10日。

史发展过程和特点。通过寻乌调查，毛泽东掌握了城市商业情况，掌握了分配土地的各种情况，为制定正确对待城市贫民和商业资产阶级的政策，为确立土地分配中限制富农的"抽肥补瘦"原则，提供了实际依据。

第二，调查研究要掌握方法和技巧。调查研究是一种领导方法和工作方法，是各级领导干部必须具备的基本功。选择具有典型性、代表性的调查对象与样本，关系调查结论的可靠性与科学性。毛泽东之所以选择寻乌进行调查，是因为"寻乌这个县，介在闽粤赣三省的交界，明了了这个县的情况，三省交界各县的情况大概相差不远"。通过对寻乌的调查，对赣南、闽西的基本情况也就有了大致了解。调查开始之前，毛泽东在对寻乌基本情况进行摸底了解的基础上，亲自准备和拟定调查纲目，既有大纲，也有细目。共列出5个大目，每个大目之下又列出几个至十几个细目，在细目之下再列出作讨论式调查的具体问题。比如在细目"寻乌城"之下就列出多达25个具体问题。寻乌调查的形式多样，开调查会是掌握情况、获取信息的主要方法。毛泽东先后邀请郭友梅、范大明、赵镜清、刘亮凡等11人开调查会，他们大部分是本地人，就身份来说，有苏维埃干部、教师、商人、农民、工人和士兵等，对寻乌的历史和现状比较熟悉。调查会开了10多天，由毛泽东本人按照纲目发问。毛泽东还到中共寻乌县委、县苏维埃政府、木工店、商会等地进行实地调查，并定期同农民一起参加劳动，利用休息时间进行访问式调查，广泛收集信息，掌握了不少真实情况。在寻乌调查过程中，毛泽东凡事都亲力亲为，形成了几十万字的调查笔录，掌握了丰富的第一手资料。

第三，调查研究要深入细致。寻乌调查，是一次深度调查，不是"走马观花"式的调查。关于寻乌的交通，毛泽东具体分析了水路、陆路、电报、邮政、陆路交通器具的情况。关于寻乌的商业，毛泽东具体调查了从门岭到梅县、从安远到梅县、从梅县到门岭、从梅县到安远与信丰经寻乌的生意情况，以及惠州来货、寻乌的出口货、寻乌的重要市场等情况，详细调查了寻乌城市场各种货物的种类、店铺分布、经营品种、专卖经营、商品成色、货物来源、市场价格、销售方向、年度贸额、荣枯演变、店员制度等情况。关于寻乌的旧有土地关系，毛泽东从农村人口成分、旧有田地分配、公共地主、个人地主、富农、贫农、山林制度、剥削状况、寻乌文化等9个方面作了详细调查。其中，对寻乌8个头等大地主、12个二等大地主、113个中地主的具体情况——进行了分析。关于寻乌的土地斗争，毛泽东从分配土地的方法、山林分配、池塘分配、房屋分配、分配土地的区域标准、城郊游民要求分田、留公田、分配快慢、抵抗平田的人、非农民是否分田、废债、土地税、土地斗争中的妇女等17个方面进行了深入调查。因此，寻乌调查细致入微，获取的资料十分翔实。

第四，调查研究要实事求是。毛泽东在寻乌调查中不唯上、不唯书、只唯实，客观呈现事实，不回避问题。比如，对于寻乌的剥削状况，毛泽东分析了地租剥削、高利剥削、税捐剥削三种类型共23种具体剥削方式，其中包括"禾头根下毛饭吃""要衫裤着去捞""卖奶子"等极端剥削方式。通过调查，毛泽东发现寻乌有近40%的农民刚打下禾、交过租就没有饭吃。针对"卖妻鬻子"的传言，毛泽东经过调查发现卖儿子的现象在寻乌农村十分普遍，债主听说有人家卖了儿子后，马上就会上门讨账。寻乌调查真实反映了当地老百姓的生存境遇，没有夸大也没有隐瞒农民被剥削的情形。在《寻乌调查》中,毛泽东还承认"有个大缺点","就是没有分析中农、雇农与流氓"。此外,在"旧有土地分配"问题上,"没有把富农、中农、贫农的土地分开来讲"。客观说明调查研究的不足,同样体现了毛泽东实事求是的科学态度。

第五,调查研究的关键在于解决问题。调查研究的过程,是提高认识能力、判断能力和决策能力的过程。通过寻乌调查,毛泽东深刻认识到:对于地主必须给予生活出路;对于富农应在经济上限制而不是彻底消灭。通过这次调查,毛泽东进一步弄清了富农问题,提出了"抽肥补瘦"的土地分配方案,为制定正确的土地革命路线提供了实际依据;进一步弄清了城市商业状况,明确了城市和乡村的关系,为深化中国革命道路理论提供了重要支撑。1941年9月,毛泽东在《关于农村调查》一文中写道:"到井冈山之后,我作了寻乌调查,才弄清了富农与地主的问题,提出解决富农问题的办法,不仅要抽多补少,而且要抽肥补瘦,这样才能使富农、中农、贫农、雇农都过活下去。"特别是通过寻乌调查,毛泽东深化了对调查研究的认识。根据寻乌调查以及多年调查研究的感受和经验,毛泽东写下了《调查工作》即《反对本本主义》这篇文章,首次提出了"没有调查,没有发言权""调查就是解决问题""中国革命斗争的胜利要靠中国同志了解中国情况"等著名论断。同时,毛泽东在这篇文章中阐释了调查的技术与方法,包括要开调查会作讨论式的调查、调查会到些什么人、开调查会人多好还是人少好、要定调查纲目、要亲身出马、要深入、要自己做记录,这些都是毛泽东在寻乌调查过程中的具体做法,是自身调查经验的总结升华,为此后全党开展调查研究工作提供了基本规范和遵循。

十二、"套路化"调研当止①

作者：李宁［中央党校（国家行政学院）科研部研究员］

1930年，毛泽东在《反对本本主义》一文中提出，没有调查，没有发言权。1931年，他在《总政治部关于调查人口和土地状况的通知》中进一步指出，我们的口号是：一，不做调查没有发言权。二，不做正确的调查同样没有发言权。时至今日，调研已成为了解基层工作，制定政策的一种重要方式。但目前调研存在"套路化"倾向，如有的领导为了调研而调研，把调研搞得"惊天动地"，这些实则是"醉翁之意不在酒"，屏幕上有影、报纸上有名也就成为调研"目的"。同样，下级为了能在上级面前"露脸"、树政绩，把调研活动作为展示单位政绩的平台，如此，这种"异化"了的调研活动就很难摸实情、听民意、排忧患、理思路以及出新招了。

这种"异化"了的调研活动常见套路：调研前，上级要发文件、打电话，把调研目的，调研问题和调研路线以及调研时间等一并通知下级，下级据此准备汇报材料，甚至组织人员事先演练，报喜不报忧；调研时，下级领导全程陪同调研组，如遇调研计划未涉及的临时问题，陪同人员需既能及时补充，扬长避短，又能借机介绍基层工作亮点，以转移调研组注意力，达到"化险为夷"目的，而部分调研领导有时明知其中有诈，也不会深究；调研后，调研组获得"宝贵的第一手材料"，可以交差，下级单位也在上级面前充分展现了本单位的政绩，各自达到目的，皆大欢喜。至于

---

① 光明网—理论频道，2018年8月10日。

根据这种"套路"进行的调研活动制定的政策是否符合实际,则无人问津。

这种"套路化"的调研,极易造成政策制定和执行上的偏差,尤其当上下级之间达成这种"默契"时,国家治理也将出现隐患,直至最终影响党的形象,损害党、国家和人民的利益。

那么,如何破解这种现象呢?实事求是。如去基层调研时,应提倡"不打招呼"的调研方式,多走一些"随机路线",多看一些"犄角旮旯",这样才有助于摸准基层的实际情况,了解人民确实存在的困难,为制定政策打下良好基础。

十三、毛泽东调查研究思想的缘起①

作者:程美东(北京大学马克思主义学院教授、北京市习近平新时代中国特色社会主义思想研究中心特约研究员)

调查研究是毛泽东一生所倡导的科学工作方法,是他一生所极力推崇的思想方法,也是以毛泽东为代表的中国共产党人领导中国革命事业不断走向成功的重要方法和保证。90年前,毛泽东在江西寻乌进行了深入系统的社会调查,创作了闪耀着唯实求真精神的经典之作《寻乌调查》。"没有调查,没有发言权"是毛泽东开展寻乌调查提出的著名论断。他在《反对本本主义》中也强调:"我们需要时时了解社会情况,时时进行实际调查。"

重视调查研究从根本上说是马克思主义世界观和方法论的要求,是毛泽东自觉以马克思主义指导革命实践的生动体现。在领导中国革命和建设实践中,毛泽东始终坚持把调查研究作为了解

---

① 《光明日报》2020年12月11日。

社会、制定政策的前提和基础，为我们党克服教条主义错误、探索中国革命正确道路、推进马克思主义中国化起到了重要作用。毛泽东如此重视调查研究并把调查研究的方法用得如此炉火纯青，从总体上看既是他善于将马克思主义与中国实际结合的结果，同时也是传统文化、个人思维等各种因素综合作用的结果。

毛泽东个人偏向实践性思维的影响。毛泽东喜欢读"无字之书"，反对忽视实践，主张要从实践中学习。他坚决反对从书本到书本，主张理论和实践的结合，重视从实践中获得知识。在早年笔记中，他就明确指出："闭门求学，其学无用，欲从天下国家万事万物而学之，则汗漫九垓，遍游四宇尚已。"毛泽东喜欢思考问题，也善于思考问题，但却并不喜欢进行纯思辨，而是偏向于思考与实践息息相关的问题。正是这种强烈的实践取向，决定了毛泽东围绕实践需要来开展创造性的调查研究。从学生时代起，他就喜欢周游各地、体察社情民意。1917年暑期，他和同学以游学方式、身无分文地在一个月左右时间内徒步游历了长沙、宁乡、安化、益阳等地。同年寒假，他又步行至浏阳文家市作社会调查。毛泽东一生都倾向于通过实践来验证书本知识、丰富书本知识，通过实践来获得真知灼见，这种思维偏向对其注重调查研究性格的形成无疑也发挥了重要作用。

了解国情、探寻中国革命道路的迫切需要。回顾社会主义发展史，革命发生的国家和地区往往不是马克思、恩格斯所预设的经济最发达、人民思想觉悟最高、各种条件最成熟的地区，反而恰恰是不够发达、经济比较落后的国家和地区。面对强大的敌人，要实现崇高的使命，共产党人在进行革命时必须慎之又慎，要对本国国情有十分精准的把握和了解，据此制定更加科学、复杂、符合本国实际革命情况的政策,只有这样才能最大化发挥主观能动性的积极作用、弥补现实客观条件的不足。毛泽东等共产党人领导中国人民在半殖民地半封建的中国进行新民主主义革命,在国情极其复杂、反动势力极其强大、经验极其匮乏的条件下,如果不深入实际调查研究,仅仅教条地照搬外国经验,凭借一腔热血猛打猛冲,是无法取得胜利的。只有通过调查研究,精准把握各方面情况,做到实事求是,最大化地发挥自身优势、减少失误和挫折,才能化腐朽为神奇,成功实现以小胜大、以弱胜强。

在中国共产党领导新民主主义革命的时期,中国风雨飘摇、山河破碎、政治动荡、民不聊生,无论晚清政府还是民国政府,都无法系统地、全面地、深入地收集、整理有关中国实际发展情况的资料。那时的中国在人口、国土、教育、经济发展水平等各方面都缺乏甚至完全没有统一、科学的统计,民用地图、军事地图等基本工具资料的全面性、科学性、权威性都无法得到保证。在这种情况下,进行决策所必须依据的客观事实、基本数据从哪儿获得?只能自己动手,自己解决。毛泽东是党内少数几名很早就意识到这一问题的领导人之一,其可贵之处不仅在于意识到这个问题的重要性、迫切性,更在于能够一直坚持身体力行。大革命时期,毛泽东就以调查研究为基础,撰写了《中国社会各阶级的分析》这样事实充分、说理透彻、思想深刻的光辉著作。在创立中央苏区一年左右的时间内,他又先后写出《反对本本主义》《寻乌调查》《兴国调查》《东塘等处调查》《木口村调查》等十几万字的详尽调查报告。正是建立在这些调查研究基础之上,他才掌握了苏区的真实情况,进而制定出一系列正确的方针政策,领导党和人民探索出一条伟大的中国革命道路。也正是在调查研究的基础上，我们党能够根据党情、国情、世情的变化制定和调整方针政策，调动和发挥广大人民群众的积极性、主动性、创造性，使得中国革命和建设事业取得了一个又一个伟大胜利。

后　记

中国共产党在成立以来团结带领全国各族人民进行革命、建设、改革的过程中，取得了举世瞩目的伟大成就，实现了人类发展史上最伟大的进步。这得益于中国共产党创立了科学的指导思想，选择了正确的发展道路，确定了正确的基本路线，制定了明确的基本方略，而这一切的基础，来源于一代又一代中国共产党人对中国国情的准确把握和社会主要矛盾的科学判断，而这又与中国共产党人对中国实际的深入调查研究密不可分。"没有调查，就没有发言权""不做正确的调查同样没有发言权""没有调查就更没有决策权""调查研究是谋事之基、成事之道""调查研究是做好领导工作的一项基本功"等至理名言，体现了历代中国共产党人的思想认识和工作方法。

党的十八大以来，以习近平同志为核心的党中央高度重视调查研究工作。中央政治局出台的八项规定，把"改进调查研究"摆在第一位。习近平总书记对青年干部能力素质的要求中同样将"调查研究能力"摆在极为重要的地位。同时，习近平总书记还在一系列重要讲话和文章中，深入阐释了调查研究的意义、内涵、要求、方法等，并且身体力行、亲力亲为，为全党做出了表率。在新时代，推进党和国家事业发展，必须大兴调查研究之风，在调查研究上下真功夫、苦功夫，推动中央各项决策部署落地生根。

调查研究是我们党的优良传统，也是党员干部推动工作的有效方法和必备能力。中央苏区时期，以毛泽东为主要代表的中国共产党人带头深入一线搞调查研究，亲手写下了大量不朽的调查报告。为进一步系统总结中国共产党在中央苏区时期的调查研究经验，回顾和学习毛泽东关于调查的论述，以期对我们今天更好地继承和弘扬这一传家宝，为各级党员干部做好调查研究工作提供借鉴和启示。根据江西省委宣传部指示意见，赣州市委常委、宣传部长何福洲同志加强统筹，强化组织领导，亲自谋划、细化工作方案，明确各方责任，设计书稿框架，赣州市委宣传部常务副部长明心平同志及时调度推进，协调各方力量，严明责任抓落实，领导团队编撰了《用好调查研究这个传家宝》一书，供各级党员干部学习，并为中国共产党成立100周年献礼。

参加本书编写的有："毛泽东关于做好调查研究的重要论述"（邱俊锋、刘辉），第一章（陈安），第二章（华阳标、罗雪梅、巫锡文、刘玉、谢建平），第三章（谢昌荣），第四章（黄云），第五章（李明胜、詹慧霞、谢建平）。全书由谢建平具体策划并编撰统稿，同时撰写了前言、所有章节的导语部分和后记，本书所有照片由谢建平搜集。

本书在编写过程中，得到了赣州市以及瑞金市、寻乌县、兴国县等党政部门负责同志和史学界、教育界专家学者的大力支持，陈相飞、彭江闽、温江涛、张孝忠、胡日旺、李国生、潘少平、黄斌、朱钦胜、何勇、曾森、罗沪京、凌步机、胡玉春等同志及中共江西省委宣传部、中共江西省委党史研究室的相关领导和同志对本书进行了审读，提出了宝贵意见。本书的出版得到了中共中央党校出版社的大力支持，在此表示衷心感谢！

  本书在编写过程中，参考引用了不少机构和个人的前期研究成果，特别致谢！除了文中特别加以标注引用外，相关机构和个人可与编写组联系接洽。由于时间仓促，以及客观条件的限制，难免有挂一漏万之处，加之我们的水平有限，错漏难免，恳请读者朋友批评指正，以便适时订正。

编　者

2021 年 9 月